ROMEON
VERLAG

**Das Leben ist ein Schraubendampfer**
1. Auflage, erschienen 12-2023

Umschlaggestaltung: Romeon Verlag
Text: Walter Buchenau
Layout: Romeon Verlag

**www.romeon-verlag.de**


**Bibliografische Information der Deutschen Nationalbibliothek:**
Die Deutsche Nationalbibliothek verzeichnet diese Publikation in der Deutschen Nationalbibliografie; detaillierte bibliografische Daten sind im Internet über *https://portal.dnb.de* abrufbar.

Walter Buchenau

# Das Leben ist ein Schraubendampfer

## Geschichten, Gedichte, Gedanken, Gerüchte

# Inhalt

# Vorwort

Geschichten kommen und gehen im Kopf und haften manchmal auch auf Druckerseiten! In jeder steckt ein Stückchen ‚Ich' darin, es sind Momentaufnahmen von Szenarien, die einmal vielleicht im Leben waren oder sind oder sein könnten! Ich habe mit der subjektiven Taschenlampe, in mich hinein geleuchtet - ein besseres Licht hatte ich nicht – und sie (wieder-)gefunden! Und wenn einige vielleicht die Bodenhaftung verloren zu haben scheinen, - wie schön! Dann kann uns die Phantasie auch ein Stückchen schweben lassen! Wir kommen schon schnell genug zurück auf den Boden der sogenannten Tatsachen.

Ähnlich ist es mit den Gedichten: Sie sind eine emotionale Bibliothek, die Vergangenes konserviert und verfügbar hält. Wenn man eigene Gefühle darin wiedererkennt, schafft es Abstand dazu und sie lassen sich besser handhaben.

Zwar sollte der Fluss unserer Gefühle nicht gestaut oder erstickt, wohl aber in beherrschbare Bahnen gelenkt werden, damit er uns nicht in Abgründe reißt. Man könnte Gedicht als Übungsparcour für Emotionen bezeichnen um die „Muskeln der Seele" zu stärken! Ich wünsche Ihnen viel Erfolg beim Training!

# Das Leben ist ein Schraubendampfer

Das Leben ist ein Schraubendampfer!“ sagte Lars Hennekens, nahm einen Zug aus seiner langen, schlanken Pfeife und nickte seiner Aussage sowie dem blauen Dunst zu, den er gerade in die Luft gepafft hatte. Das war für seine Verhältnisse schon fast ein Hamlet-Monolog, „Jou!“ sagte sein Tischnachbar, Jan Groetenhaven, ebenfalls ein Ausbund an Gesprächigkeit. Sie saßen in der niedrigen Schankstube vom ‚Ual Öömrang Wiarthüs‘ unter der nicht sehr hohen Balkendecke samt ihren Schriftzügen (‚Leewer duad üs slaaw‘) und gehörten schon fast zum Inventar. Genauso wie das geschwungenen Sofa mit dem gestreiften Damastbezug hinten an der Wand, die Seekarten und Schiffsbilder an den Kacheln seitlich oder die Kaffeekanne - indisch blau - auf der breiten Fensterbank. Jetzt in der späten Nachsaison störten im Norddorf selten Touristen diese Idylle und sie konnten in aller Ruhe ihren Riesling genießen.

Das war erstaunlich in einer Landschaft, wo doch ‚Köm‘ oder ‚Grog‘ zu Hause waren! Lars hatte diese Angewohnheit aus dem Rheinland nach Amrum mitgebracht und sie auch Jan Groetenhaven vermacht, obwohl in Duisburg eher Bier und Korn als Rebensaft getrunken wurden. Er hatte dort Jahre als Assistent des Hafenmeisters gearbeitet und der war Weintrinker! Dazu hatte den wiederum ein Binnenschiffer gemacht, dem er in einer schwierigen Situation zu einem Liegeplatz verholfen hatte, obwohl er eigentlich hätte warten müssen, denn er war wegen eines technischen Problems viel zu spät angelangt. Zum Dank hatte ihm der Mann eine Kiste Rheinwein ins Büro gestellt. Und der Hafenmeister wurde Weintrinker. Wie das Leben eben so spielt!

„Das Leben ist wirklich eine Schraubendampfer“. Lars Hennekens wiederholte bedächtig einen seiner Lieblingssprüche. Jan Groetenhaven kannte ihn. „Mal hast du die Nase oben, mal unten und meisten ist schwere See". Jan nickt ebenfalls. Zu dem Thema könnte er auch einige Kapitel beisteuern.

Das Schicksal war mit Lars wirklich Achterbahn gefahren. Es begann in der Kindheit als sein Vater auf See geblieben war. Der befuhr als Kapitän auf einem Kümo eine wenig spektakuläre Route zwischen den Nordseehäfen an der Kanalküste und Hamburg. Aber die Nordsee ist tückisch und im Herbst bei Windstärke 12 verrutschte in der Elbmündung die Landung, wie später ermittelt wurde, das Schiff kenterte und sank. Sein Vater war damals gerade fünfunddreißig. Seine Mutter musste plötzlich schauen wie sie die vier Geschwister alleine durchbrachte, denn die Witwenrente war nicht der Rede wert. Sie putzte Ferienunterkünfte, die es damals auch schon gab, half in einer Gastwirtschaft aus, zog Gemüse hinter dem Haus, häkelte Pulswärmer und kleine Schiffchen aus ziemlich dünnem Garn, die sie auf einem Hocker vor dem Hauseingang an Touristen verkaufte. Lars bewunderte sie für ihre Geschicklichkeit. Er als ältestes der Kinder vertrat mit seinen zehn Jahren bereits den Haushaltungsvorstand. Neben der Schule beaufsichtigte er seine Brüder und das Schwesterchen, lernte kochen und unterstütze die Mutter bei der Wäsche, denn so großartige Errungenschaft wie eine Waschmaschine konnten sie sich nicht leisten. Er trug die Wochenzeitung aus und lieferte seinen Verdienst der Mutter ab, auch die zehn Pfennig Trinkgeld, die er immer von der Frau des Schulleiters bekam. Alles in allem ein mühsames Leben.

Das änderte sich erst, als seine Mutter nach drei Jahren einen Feriengast kennenlernte, der mit seiner Tochter auf der Insel Urlaub machte. Er war Ingenieur, ein großer kräftiger Mann aus Bremerhaven, und ebenfalls verwitwet. Lars mochte ihn nicht, genauso wenig wie seine Tochter. Das Mädchen, ein gutes Jahr älter als er, ließ ihn sofort spüren, dass er für sie Luft war.

Der Sommer ging vorbei und er hatte die Besucher längst vergessen, aber zu Ostern tauchten sie wieder auf, sehr zur Freude seiner Mutter. Sie drängte ihn, doch etwas freundlicher zu beiden zu sein, denn es zeichnete sich schon ab, dass es nicht nur bei einer Ferienbekanntschaft bleiben würde. Lars raffte sich auf und fragte Iris, die Tochter des Ingenieurs, ob sie vielleicht mit ihm zum Fischen gehen wollte. Wenn er wirklich mal Zeit hatte, keine Zeitungen oder Hausaufgaben oder sonstige Pflichten im Haus auf ihn warteten, weil die Mutter ausnahmsweise da war, dann packte er gerne sein Angelzeug, ein Geschenk noch von seinem Vater, und versuchte in der Nähe des Fähranlegers sein Glück. Damals wohnten sie noch im Süddorf und mit dem Fahrrad wars nicht weit bis ans Meer.

„Fische, iiiiiih.“ war ihre Antwort. „Und Angeln, so was Doofes können sich doch nur beschränkte Eingeborene einfallen lassen!“ Damit war das Thema Iris für ihn erledigt. Später zog seine Mutter mit seinen Geschwistern nach Bremerhaven um, er widerwillig mit ihnen, aber da war besagte Iris schon zum Studium außer Haus.

Nach seiner Schulzeit hatte er sich sehr zum Leidwesen seiner Mutter doch für die Seefahrt entschieden. Die See lag eben im Blut. Er heuerte an Bord eines Frachters an um Schiffsmechaniker zu werden, ein ganz neuer Beruf damals. Seine Freundin Annika, die er im letzten Schuljahr kennengelernt hatte, zog mit, auch als er nach seinem Mechanikerabschluss in Elsfleth weiter studierte. Danach brannte er darauf, die Weltmeere zu durchpflügen. Aber sie kam mit den Trennungen nicht zurecht und nach der Rückkehr von seiner dritten Reise war sie mit einem anderen liiert. Es traf ihn mehr, als er sich hätte vorstellen können und er kroch bei seiner kleinen Schwester unter, die mittlerweile schon verheiratet und wieder nach Amrum zurückgekehrt war.

Doch Seefahrt und Karriere trösteten ihn bald. Er fuhr auf einem riesigen Containerschiff Linie zwischen Hamburg und Fernost, kletterte ziemlich schnell die Karriereleiter hinauf und seine

Welt war wieder in Ordnung. Da schlug das Schicksal erneut zu. Ein Philipino aus der Mannschaft hatte während eines Anlegemanövers in Korea eine Trosse an Deck nicht richtig gesichert. Sie riss sich aus ihrer Verankerung los, peitschte über das Deck und zerschmetterte ihm das linke Knie. Um ein Haar wäre er verblutet. Aber der Unterschenkel war nicht mehr zu retten.

Wochenlang lag er im Krankenhaus, später in Rehaeinrichtungen, eine Prothese wurde angepasst, mit der er sehr schlecht zurecht kam, doch das Schlimmst waren die Depressionen, die ihn heimsuchten. Wozu war er als Krüppel noch gut? Die Seefahrt, seine Leidenschaft, war passé und als Mann mit einem Holzbein? Keine Frau würde ihn mehr anschauen. Wochenlang fütterten ihn die Ärzte mit Pillen und verordneten Psychologensitzungen, aber mit wenig Erfolg. Es fehlt das wichtigste, sein Lebensmut. Wieder war es Amrum und seine Schwester, die ihn aufrichteten, Als er dort endlich gelernt hatte wieder halbwegs auf den Beinen zu stehen, sowohl mit seiner Prothese, als auch seelisch, begann er sich nach einer neuen Beschäftigung umzusehen. Hafenmeister oder so etwas schwebte ihm vor, doch die wenigen Stellen waren alle besetzt, noch dazu von recht jungen Männern, so dass in absehbarer Zeit kaum Aussicht auf einen solchen Posten bestand. Alle Bewerbungen endeten mit Absagen oder blieben unbeantwortet. Er verfiel erneut ins Grübeln und die Tage zogen sich. Seine Schwester mochte er in diesem Zustand auch nicht mehr länger belästigen.

Eines Morgens setzte er sich in ein Boot und ruderte hinaus. Es war Sommer, das Meer spiegelglatt und die Sonne schien kräftig vom wolkenlosen Himmel. Sogar der ewige Wind hatte Ruhe gegeben. Er ruderte und ruderte, bis der Küstenstreifen nur noch ein schmaler Saum am Horizont war. Anfangs umkreisten ihn noch einige Möwen, aber als es da nichts zu holen gab, blieben sie weg und er war allein. Die Muskeln schmerzten, er macht eine Pause. Dann ruderte er weiter. Er hatte keine Ahnung, was er wollte, oder wohin, nur weg, aus seiner Umgebung, von der Insel, den vergeblichen Bewerbungen, seinem körperlichen Zustand und auch aus seiner Einsamkeit, denn seit seiner Jugendliebe hatte er niemanden mehr gefunden. Einfach nur weg. Inzwischen war es wohl Mittag. Ein kleines Lüftchen kam auf und er gönnte sich eine weitere Ruhepause. Er rutschte von seinem Sitzplatz herunter, streckte die Füße unter die zweiter Bank im Boot und knäulte seine Jacke zu einem Kissen zusammen um seine Kopf darauf zu legen. Die Sonne meinte es richtig gut, obwohl er sie durch die aufkommende Brise kaum registrierte. Ihm wurde etwas schwindelig, er fühlte ein Unwohlsein im Magen, „Natürlich!", dachte er „du hattest am Morgen überhaupt nichts gegessen." Dann musste er wohl etwas eingenickt sein, denn als er aufwachte stand die Sonne schon ein ganzen Stück weiter in Richtung Südwesten. Sein Kopf schmerzte etwas. Er nahm an, dass es von der unglücklichen Lage im Boot kam. Als er sich aufrichtete, drehte sich mit einem Mal der Horizont und er legte sich rasch wieder hin. Er schloss die Augen und atmet tief durch, das half. Das Plätschern des Wassers an der Bootswand erinnerte ihn an seine Kanutouren mit Annika, die auch das Wasser geliebt hatte. Schön war das damals! Er sah ihr Gesicht vor sich mit den krausen Locken darum herum und den frechen Sommersprossen auf der Nase. Damals war er glücklich und voller Pläne und Hoffnungen.

Ein Ton drang an sein Ohr, einmal, zweimal. Wie ein Ruf, dann ein Tuten, ein Signalton, er versuchte die Augen zu öffnen, der Kopf schmerzte jetzt heftiger. Wieder ein Ruf, nun deutlich zu hören. Er riss die Augen auf und stemmt sich mit den Armen etwas nach oben. Undeutlich im Gegenlicht der schon recht tief stehenden Sonne sah er etwas Dunkles, die Silhouette eines Schiffes. Noch einmal der Ruf aus einem Megaphon. „Hallo!! Brauchen sie Hilfe?" Sie meinten wohl ihn. Er hob die Hand um sich ganz aufzurichten, aber das Schiff und der Rand seines Bootes spielten Ringelreihen mit ihm und er sank auf den Boden zurück.

Die Küstenwache hatte ihn auf offener See entdeckt, weit weg von Amrum. Der Winde hatte ihn wohl nach Süden getrieben. Er war völlig dehydriert, desorientiert und hatte einen ausgewachsenen Sonnenstich. Sie brachten ihn nach Cuxhaven ins Krankenhaus.. Die meinten dort, viel länger hätte er ohne Flüssigkeit nicht in der Sonne bleiben dürfen, sonst wäre der Kreislauf kollabiert.

Nach zwei Tagen im Hospital und einigen Infusionen war er wieder so weit hergestellt, dass seine Schwester ihn abholen konnte. Tja, seine Schwester, seine Ersatzmutter, obwohl doch einige Jahre jünger als er! Kaum fünf Jahre nach der Übersiedlung nach Bremerhaven war ihre Mutter an einem Krebsleiden gestorben. Lars war sicher, dass der Kummer über den frühen Tod seines Vaters dazu beigetragen hatte. In der zweiten Verbindung hatte sie zwar wieder etwas finanzielle Freiheit und Sicherheit gefunden, aber der Neue konnten bei ihr nie den Platz einnehmen, den sein Vater innegehabt hatte. Sein Schwesterlein besaß das gleiche große Herz wie ihre Mutter und kümmerte sich um den Bruder! Sie war sehr in Sorge gewesen, als sie von Bekannten hörte, dass er mit einem Boot hinaus gerudert, aber nicht zurückgekehrt war. Sein seelische Zustand war ihr nicht entgangen. Sie ahnte, was in ihm vorgegangen sein musste, als er auf das Meer hinaus ruderte und stellte keine Fragen.

Lars nahm seine Rettung als Fingerzeig, dass seine Zeit noch nicht gekommen war und bemühte sich ernsthaft um eine neue Arbeit, von der er leben und die ihm auch Freude bereiteten könnte.

Wieder war es ein Urlauber auf der Insel, mit dem er genau hier, im Ual öörang Wiartshüs ins Gespräch gekommen war und der ihm einen wichtigen Hinweis gegeben hatte. Der Mann war im Duisburger Hafen angestellt und erzählte, dass der Hafenmeister einen Assistenten suchte. Ein junger Mann, der schon zugesagt hatte, wollte dann doch nicht kommen und mitten im Hochsommer gab es zur Zeit keine anderen Bewerber.

Lars setzte sich am nächsten Tag in den Zug und fuhr nach Duisburg. Wenn schon kein Seehafen, so doch zumindest Hafen, dachte er, das könnte er sich auch vorstellen.

Und er blieb sofort dort! Nachdem der Hafenmeister seine ganze Geschichte angehört und ihn lange von unten bis ober gemustert hatte, nahm er ihn mit in die Kantine, wo sie gemeinsam zu Mittag aßen und weiter redeten: über seine Erfahrungen auf See – sein Gesprächspartner hatte in der Jugend auch von der Seefahrt geträumt – über die Aufgaben im Hafen, die Mentalität der Menschen im Ruhrgebiet, die der norddeutschen recht nahe kam, über Gott und die Welt und beim Abräumen des Geschirrs war alles klar: Lars blieb. Er war mit den Konditionen einverstanden und fühlte sich selbst verstanden, - was wollte er mehr? Daraus wurden vierundzwanzig Jahre. Aber das Schicksal hatte noch einmal einen Tornado für ihn bereit. Er verliebte sich in eine der Sekretärinnen, eine stille junge Frau, zu unscheinbar vielleicht für andere, aber für Lars genau die Richtige. Er hätte nie gedacht, dass ihm so etwas noch einmal passieren könnte.

Es war auf einem Betriebsfest, der Hafenmeister wurde sechzig und hatte eingeladen in Websters Brauhaus. Uriges Essen, viel Bier und noch mehr Korn, einzig der Hafenmeister fiel mit seinem Wein auf! Bald ging die Stimmung hoch her, der Alkoholpegel stieg, Helen, die Sekretärin des Chefs, saß ziemlich still zwischen all den Bierseligen auf der Bank. Lars, der ja auch nicht zu den Lauten gehörte, gesellte sich ihr zu. Sie sprachen miteinander, zwar nicht allzu viel, denn dazu war es rundherum zu laut, aber das Wenige genügte, dass sie sich bald privat wieder trafen.

Helen war die perfekte Ergänzung für Lars. Sie konnte ihm lange zuhören, wenn er einmal von der See erzählte, oder auch mit ihm gemeinsam schweigen, ohne dass einer von ihnen daran Anstoß genommen hätte. Sie fand auch seine Träume von einem beschaulichen Leben auf einer Insel anregend, wenn sie einmal nicht mehr arbeiten müssten und sie teilte ihm ihre Träume mit. Zum Beispiel von einer Familie mit Kindern, es könnten ruhig so einige sein.

Lars nickte. Wäre ja auch langsam an der Zeit für ihn, dachte er. Die Zukunft und das Leben erschienen plötzlich luftig und leicht.

Und ebenso plötzlich war alles vorbei. Es war am Feierabend. Ein übermüdeter LKW-Fahrer, noch im Hafengebiet, er hatte eine Kurve nicht bekommen, weil er eingenickt war – Sekundenschlaf! Helen wollte gerade nach Hause, war mit ihrem kleinen Auto eben losgefahren … Keine Chance damit gegen einen Vierzigtonner.

Lars schleuderte es ebenfalls aus der Kurve – im übertragenen Sinne. Doch in Schicksalsschlägen war er ja geübt. Er ließ alles stehen und liegen und fuhr nach Amrum zu seiner Schwester. Sie nahm ihn wieder einmal unter ihre Fittiche und vermittelte ihn umgehend an einen Psychologen.

Der Therapeut, ebenfalls ein Insulaner, kannte die Eigenheiten der Bewohner hier und schwieg zuerst einmal mit Lars. Gemeinsam liefen sie dann Stunden um Stunden über die Deiche und am Rand des Wassers entlang, wo die auflaufenden Wellen den weißen Sand beleckten und spurlos wieder versickerten, beide immer noch stumm. Aber irgendwann begann Lars zu sprechen und zum erst Mal wirklich über das, was in ihm tobte. Der Psychologe hörte weiter zu, ließ ihn ausreden, lange ausreden, sagte so gut wie nichts. Lars suchte Treibgut am Strand, wie er es als Junge getan hatte und baute aus Holz und Resten von Fischernetzen eine Sitzgelegenheit. Darauf ließ er sich umständlich nieder, der schweigsamen Mann neben ihm desgleichen. Sie blickten in die untergehende Sonne und das Glitzern des Lichts auf dem Wattenmeer, wenn sich bei Ebbe das Wasser zurückzog und Säbelschnäbler, Austernfischer und Brachvögel nach Futter suchten. Und ganz allmählich Stück für Stück und Wort für Wort, übergab er seine quälenden Gedanken dem Watt, dem Wind und der See, die sie entgegennahm und mit ihren Wogen den aufgewühlten Strand seine Seele glättete.

Damit ging für Lars endlich wieder die Sonne auf, zumindest ein bisschen. Das Kapitel Beziehung oder Partnerschaft hatte er willentlich ad acta gelegt – es war in diesem Leben nicht für ihn vorgesehen, Punktum. Er fuhr nach Duisburg zurück und vergrub sich in seine Arbeit. Als sein Chef in Rente ging, bekam er den Hafenmeisterposten, den er dann noch einige Jahre ausfüllte. Nach dem Ende seines Arbeitslebens löst er ohne Bedauern seine Wohnung in Duisburg auf, auch wenn er fast ein Vierteljahrhundert dort gelebt hatte, und kehrt nach Amrum zurück - wohin auch sonst?

Dort war sein Anker. Seine Schwester und ihr Mann lebten noch immer auf der Insel, ihre Kinder, also seine Nichte und sein Neffe kamen nur gelegentlich zu Besuch aus Kiel oder Hamburg, wo sie studierten. Das war dann eine willkommene Abwechslung. Ansonsten verlief sein Leben gleichmäßig wie Ebbe und Flut, mit Deichspaziergängen und Sonnenuntergängen am Meer oder dem Beobachten des Anlegemanövers der Fähre aus Dagebüll. Und mit Jan Groetenhaven, mit dem er schon gemeinsam die Bank in der Volksschule gedrückt hatte, und der nie länger als ein paar Wochen von der Insel weg gewesen war, besaß er einen unaufdringlichen Gefährten, mit dem es sich bedächtig schnacken oder schweigen oder dem Flug der Möwen über den Dünen zuschauen ließ. „Jou, so is dat," sagte er „Ein Schraubendampfer!" Draußen gingen die Laternen an.

# Annäherung an ein Leben

*Eli-Kr.hs 27.11.2020*

Er war kein Wilder, keiner der Lauten,
behielt die Gefühle lieber für sich.
Wenn andere sich vorm Alleinsein grauten,
genoss er den Frieden innerlich.

Unsachlichkeit, das war'‘s, was ihn störte.
Viel Umtrieb um ihn nicht sein Ding.
Wenn Unwahrheit auch zum Alltag gehörte,
gab es kein Schmeicheln, das bei ihm verfing.

Doch Schönheit liebte er und Harmonie.
Und dabei ging‘s absolut ihm nicht ein:
dies bisschen Mehr an Akribie
für Schönes könnte zu viel verlangt sein!

Er lebte gern und nahm‘s, wie es kam,
er trat auch gerne für andere zurück.
Recht selten, dass er was übel nahm.
In kleinen Dingen schon fand er sein Glück.

Doch keiner sollte als ‚schwach‘ ihn missdeuten!
Für Freiheit, die ihm wichtig war,
konnte er notfalls  heftig streiten.
Und mache fanden‘s dann sonderbar.

Als er dann ging, war‘s wie aus Versehen.
„Da stand er,“ sagten sie, „eben doch noch!“
und konnten‘s so plötzlich nicht verstehen:
Denn an seinem Platz - war jetzt ein Loch.

1‘15“

# Winterblues

*bis 4.2.2023*

Man kann ja jeder Jahreszeit etwas Positives abgewinnen, je nach Standpunkt, auch dem Winter. Die Reisebroschüren jedenfalls zeigen dann Bergpanoramen und Schneelandschaften im Sonnenschein, lauter fröhliche Menschen, (die gar nicht über das Gedränge an den Skiliften oder dem Frühstücksbuffet meckern, sondern Schneeengel in die weißen Pracht rudern), dazu Wildtiere unter schneebepackten Fichtenbäumen und Ausfahrten in pferdegezogenen Schlitten. Sofort verspürt man das Verlangen selbst dorthin reisen zu wollen, denn dies ist ja der Zwecke solche Publikationen.

Mit der allgemeinen Realität zwischen Oktober und Februar, besonders in einer Landschaft wie am Niederrhein hat das wenig zu tun. Hier fällt kaum Schnee und wenn, dann als wässrige Belastung des Straßenverkehrs, die sofortiges Chaos heraufbeschwört. Denn mit so etwas rechnet man hier einfach nicht. Ansonsten ist es feucht und kalt und der Wind verstärkt noch das Frösteln. Sonne gibt es nur in homöopathischen Dosen, das Einheitsgrau der Wolkendecke drückt auf Landschaft, Dächer und Gemüt und aus Frust frisst man sich Winterspeck an.

Fabian war eigentlich ein fröhlicher Typ, zumindest bis zu dem Zeitpunkt, als seine Frau sich entschlossen hatte einen anderen zu lieben und samt seinem Sohn auszog. Er fand zwar nach relativ kurzer Zeit eine neue Freundin, Anja, die ebenfalls eine Enttäuschung hinter sich hatte, und sie taten sich zusammen, trösteten sich gemeinsam und fanden die Welt wieder in Ordnung, wenigstens so einigermaßen. Sein Beruf macht ihm keine Probleme, auch wenn andere dem nicht viel abgewinnen konnten. Er war Bauzeichner und Statiker und nach zwanzig Berufsjahren in seinem Büro anerkannt und etabliert. So weit, so gut.

Wenn da nicht dieser Winter gewesen wäre. Er konnte sich noch so sehr bemühen der Jahreszeit etwas abzugewinnen, es nutzte nichts. Mit den Jahren wurde es immer schlimmer. Allein das Aufstehen bereitete ihm schon Schwierigkeiten. Wozu sich aus dem warmen Nest erheben? Nur um einmal mehr eine Runde zu bibbern, bis nach der warmen Dusche der Kreislauf endlich wieder in Schwung kam? Anja, seine Freundin, pflegte etwas länger zu schlafen. Also trank er seinen Kaffee alleine und guckte flüchtig in die Morgenzeitung. Doch da stand in der Regel auch nichts Erfreuliches drin. Danach ins Büro, die gleichen Gesichter, die gleichen Abläufe und Berechnungen, auch wenn das Ganze mittlerweile nicht mehr von Hand, sondern am Bildschirm vonstatten ging, alles wie gehabt, nur um die täglichen Brötchen zu verdienen? Andere lebten von der Stütze, auch eine Möglichkeit.

Und dann die Verantwortung! Wenn er einen Fehler machen würde, vielleicht einen entscheidenden und ein ganzes projektiertes Gebäude während der Realisation kollabierte?? Er konnte sich von solchen Gedanken immer schwerer freimachen, besonders in der kalten Jahreszeit.

Immer öfter erwischte er sich, wie er regungslos vor seinem Bildschirm hockte, Löcher ins Display stierte und an nichts dachte, was seiner Arbeit dienlich gewesen wäre. Dann sah er sich am Strand von Fuerte in den Wellen plantschen mit Kevin, als der noch klein war, voll Freude über sein munteres Söhnchen. Jetzt sah er ihn kaum noch. Die Ferienwohnung blitzte in der Erinnerung auf und die kleine Sandwüste im Norden der Insel bei Coralejo, in der das einsame Luxushotel in den unverschämt blauen Himmel ragte und sie stapften wie Lawrence von Arabien gemeinsam über die Sanddünen.

Oder es stand in Gedanken das Haus vor seinen Augen, das sie einmal besitzen wollten, irgendwo in den Bergen, vielleicht im Allgäu, wenn der Sohn groß und genügend Erspartes vorhanden wäre für ein gemütliches Rentnerdasein. Dass seine Frau ihre gemeinsamen Visionen zerstört hatte, schmerzte ihn am meisten. Anja liebte eher das Meer, zum Beispiel die Nordsee. Dem konnte er wiederum nicht viel Begeisterung entgegen bringen. Krabben, Watt und tröge Ostfriesen, was war daran so anziehend?

Spalierobst wollte er züchten, wenn sie dann so weit wären, das hatte er sich vorgenommen, damals als sie noch zusammen träumten. Einen Brunnen würde er bauen, ein richtiges Wasserspiel mit Schöpfrädern und Wippen, die rhythmisch einen Wasserschwall nach dem anderen in verschieden große Hohlgefäße darunter gießen würden, wodurch Töne entstünden! Der Brunnen würde seine eigene Musik machen! Und er würde endlich malen! Angefangen hatte er damit schon als Jugendlicher. Aber das wäre ja kein ‚ordentlicher' Beruf, keine Zukunftsperspektive, sagte der Vater und beeinflussten ihn massiv bei der Berufswahl. ‚Bauzeichner wäre ja ein ähnlicher Beruf.' meinte er. Er fügte sich, denn er liebte seine Eltern. begrub seine Schwärmerei und trottete von da ab täglich ins Büro. Und das seit - wieviel-undzwanzig Jahren jetzt? Nur in der dunklen Jahreszeit, bei Matsch und Kälte und wenn draußen alle Farben im Trüben ertranken, standen die alten Träume wieder auf!

„Gibts ein Problem, Fabi?" fragte eine Stimme hinter ihm. Sein Chef hatte ihn schon eine Weile beobachtet. „Nein, nein!" beeilte er sich zu sagen und rückt auf seinem Suhl zurecht. „Alles in Ordnung." „Du weißt ja, wenn was ist … " Mit dem alten Reimers konnte er es gut, hatte mit ihm schon so manche knifflige Situationen gemeistert. „Hänge nur eine bisschen durch bei dem Wetter!" gab er unumwunden zu. „Geht mir auch so." sagte sein Chef, klopfte ihm aufmunternd auf die Schulter und ging weiter.

Nein, an der Arbeitsatmosphäre lag es nicht. Nur dieses verdammte Grau.

Grauer Himmel, graue Straßen, graue Gesichter. Selbst bei der Kleidung überall nur schwarz oder grau. Auch als er am Spätnachmittag nach Hause kam, war die Stimmung dort – grau. Anja bröselt in der Küche herum und nickte ihm nur beiläufig zu. Sonst hatte sie ihn schon einmal in den Arm genommen. Nun betrachtete er sie von der Seite her und stellte fest, dass das, was sie anfänglich verbunden hatte, eine gemeinsame schlechte Erfahrung, auch verblasst war. Ebenfalls grau!

Ausnahmsweise genehmigte er sich am Abend einen Rotwein, um die Stimmung aufzuhellen. Anja trank sowieso nur in Gesellschaft einen Schluck, schauderte dann, weil der Wein ihr zu sauer war und kippte ihr Glas mit Orangensaft voll. Und das bei einem teuren Chardonnay! Aber über Geschmack lässt sich bekanntlich nicht streiten. Jetzt saß sie am Esstisch und studiert irgendein Regenbogenblatt, am liebsten mit dem Klatsch über die Reichen oder Gekrönten, diese ganze Muppetshow der sogenannten high society. Das war ihr unerreichbares Disneyland!

Das einzige, was sie noch zusammen hielt, kam ihm in den Sinn, - und das tilgte sofort das bisschen Alkohol im seinem Blut, - war die Gewohnheit. Mit einem Mal war er stocknüchtern! Er sah eine Straße vor sich, schnurgerade, öde, kein Baum, kein Strauch, nur ab und zu Verkehrsschilder und darauf stand: noch zwanzig Jahre bis nirgendwo, noch fünfzehn Jahre, geradeaus fahren, abbiegen verboten. Bis schließlich das Schild käme: Sackgasse, keine Wendemöglichkeit. Finis terrae. - Ende der Welt - wie jener Ort am Atlantik, dem Ende des Jakobsweges: Finisterre. Es schüttelte ihn. Wie, wenn er sich aufraffte und jetzt einfach ginge? Plötzlich war der Gedanken da.

Als er Anja kennenlernte, war er sehr rasch zu ihr gezogen, hatte seine Wohnung und alles darin aufgegeben, weil sie ihn zu sehr an seine Familie erinnert. Nur wenige persönliche Habseligkeiten hatte er mitgenommen, das Allernötigste. Ein harter Schnitt, das war das Beste. Wenn er also jetzt die Tür hinter sich schlösse, besäße er praktisch nichts mehr – nur ein paar Fotoalben, Bücher, ein bisschen Kleidung, das wär‘s. Er erschrak. Freiheit könnte ganz schön schmerzhaft sein, dachte er. Andererseits wäre er frei!Vogelfrei! Könnte tun und lassen was ihm in den Sinn käme! - Vielleicht auch zum Abschuss freigegeben? Nichts, was ihn schützen oder halten könnte. Oder vielleicht doch? Die Arbeit? Sein Sohn? Er versuchte sich ihn jetzt vorzustellen und es fiel ihm schwer, er sah ihn ja kaum noch. Lediglich noch zu Weihnachten und zum Geburtstag bekam der einen Scheck, für den er sich meisten nicht einmal bedankte. Seine Ex hatte ihn voll unter ihrer Fuchtel. Sie hing nur am Telefon, wenn Kevin in der Schule wieder mal Probleme machte und er die Wogen glätten sollte. Schulschwierigkeiten als Spätfolgen der Scheidung, davon war er überzeugt. Dabei war zuvor sein Verhältnis mit ihm ausgesprochen gut gewesen. Aber Kevin war noch zu jung, als seine Mutter ging und zu beeinflussbar, Mit ihrem Neuen verband ihn nur dessen freigiebiger Umgang mit Taschengeld. Er wischte die Gedanken um dieses ganze schmerzliche Kapitel aus seinen Kopf. Schluss! Dies Gefühl kannte er zu gut und musste es nicht nochmals durchleben..

„Hast du was?“ wollte Anja wissen. „Nein“, sagte er gedehnt und nahm einen Schluck Wein. Sie blätterte schon wieder in ihrer Postille.

Ein neuer Anfang! Der Gedanke nahm mehr und mehr Gestalt an.

Eine neue Wohnung, sein Chef besaß ja einige Immobilien, eine neue Einrichtung – einmal Ikea und zurück, was brauchte er schon? Und dann? Dann – ja, was dann? Wäre das nicht wieder der gleiche Trott? Nur ohne Partnerin – dasselbe in Grün?? Das eigentliche Gefängnis waren seine Gedanken.

Es müsste schon ein radikalerer Schritt sein, der auch seinen Beruf, seine Umgebung, alle Bekannten einschlösse, denn richtige Freunde hatte er nicht. Seine Ex war ungesellig gewesen und hatte keine Kontakte gepflegt. Es war ihr zu viel Arbeit Gäste zu empfangen und zu bewirten. Ihr Mangel an Empathie war ihm erst im Nachhinein richtig aufgegangen, obwohl er darunter schon während ihrer Ehe gelitten hatte. Aber damals liebte er sie eben.

Wie anders war's früher zu Hause bei seinen Eltern! Da war die Wohnung immer voller Leute, Nachbarn, die ein und aus gingen, den Eltern von Mitschülern, Freunden, ohne die kein Geburtstag, kein Silvester stattfand, seine erste Freundin oder auch völlig Fremde, mit denen seine Mutter bei der Ausfahrt mit dem Kinderwagen vor Jahren zufällig ins Gespräch gekommen war und die später die engsten Vertrauten wurden. Diese Freundschaften seiner Mutter hielten Jahrzehnte! Sogar über ihren Tod hinaus. Er hatte noch lange Kontakt zu einer ihrer alten Freundinnen und dann, nachdem auch sie gegangen war, zu deren Sohn in der Schweiz. Der Gedanke daran wärmte noch immer.

Vielleicht einfach ein Sabbathjahr, kam ihm in den Sinn. Das Wort war ihm kürzlich untergekommen und hatte sich spontan festgesetzt. Sabbath, Shabbes – er liebte diese alten jiddischen Wörter. Im Wienerischen gab es noch jede Menge davon. Vor vielen Jahren, als er dort eine Weile gelebt hatte, war ihm die Sprache deswegen gleich sympathisch gewesen. Da war vom ‚Beisl' die Rede, der Kneipe, in der auch schon mal ‚Tacheles' geredet wurde, also Klartext, oder in der die ganze ‚meschuggene Mischpoke' (die verrückte Verwandtschaft) die ‚Chuzpe' (die Unverfrorenheit) besaß alle Plätze zu besetzen, nur um ‚Schmonzes' (Blödsinn) zu reden. Selbst wenn man jemanden auf jiddisch angriff, klang das immer noch menschlich. Was für ein Unterschied wenn einer sagt, ‚Bist du völlig verblödet?' oder: ‚Biste total meschugge?'. Er lacht in sich hinein.

Ein Sabbathjahr als Einstieg, das klang gut, das könnte jeder begreifen. Und danach - man würde sehen. Einmal in Bewegung gesetzt bohrte sich der Begriff tiefer und tiefer ins Unterbewusstsein.

Er saß unter einem Sonnenschirm am Strand auf seinem Höckerchen und hatte gerade die Kohleportraits zweier Badeschönheiten fertig gestellt. Dafür kassiert er von den deutsche Touristinnen je zwanzig Euro, also umgerechnet vierzehnhundert Baht. Auf

Phuket in den Lokalen der Einheimischen bekam er dafür zehn konformidable Abendessen! Oder es reichte um sich einen Monat lang selbst etwas zu kochen. Er kannte schon einige der Fischer und Bauern in seinem Dorf nahe der Küste, die ihm gerne etwas verkauften. Mittlerweile reichte sein Thailändisch schon fast für den Alltagsgebrauch.

Bevor er aber jetzt aufbrach, musste er noch einmal rasch sein Lieblingspanorama zu Papier, bzw. auf die Leinwand bringen: Die Badebucht mit dem markanten Felsen im Wasser und den Booten am Strand, deren Bugspriete so gewagt hoch in den Himmel ragten. Das Licht am späten Nachmittag ließ auf der See dahinter tausende von Diamanten funkeln. Acrylfarben müssten es dafür sein, die leuchteten! Er nahm sich Zeit den Ausblick fast naturalistisch und doch etwas verfremdet in seinem eigenen, besonderen Stil auf den Untergrund zu bannen. Darin spiegele sich bittersüß immer etwas von Sehnsucht, oder Verlorenheit, sagten seine Freunde. Er fügte dem Panorama am Horizont noch ein winziges Fischerboot hinzu, einen ‚Sehnsuchtsnachen'. Vielleicht war es das, was die Betrachter beim Anblick verspürten.

Dann wartete er noch eine Viertelstunde, bis die warme Luft die Farben oberflächlich abgetrocknet hatte, nahm gelegentlich noch eine Korrektur vor, denn richtig fertig wurde ein Bild ja nie, und packte endlich seine Utensilien in den Anhänger seines Mopeds. Ganz oben darauf befestigte er das Bild. Dafür gab es extra zwei Ösen am Keilrahmen mit einer stabilen Schnur. Man musste sich schon was einfallen lassen, denn solche Transporte gab es öfters. Er schwang sich auf sein Gefährt, startete den Motor und zuckelte zurück zu seiner Datscha.

Das war hier natürlich das falsche Wort, aber es gefiel ihm. Genauso wie ihm sein motorisierter Drahtesel gefiel, die beste Anschaffung, die er gleich nach seiner Ankunft getätigt hatte. Sie machte ihn unabhängig.

Bei seinen Erkundungen der Insel war er damit auch in ‚seinem'

Dorf gelandet, ein gutes Stück außerhalb der Hauptstadt. Hier gab es zwar ebenfalls Touristen, aber wenige, und die waren mittlerweile schon fast Einheimische. Nur gelegentlich fuhren sie noch in die kalte Heimat, so wie John und Hilda aus Norfolk. Die saßen damals im Straßencafé, als er zum ersten Mal mit seiner Knatterfox, seinem Zweirad, in die Dorfstraße eingebogen war. Er hatte sich zu ihnen gesellte auf einen Kaffee und vom ersten Moment an hatten sie Kontakt. Hilda war eigentlich Inderin, aber in London aufgewachsen und verheiratete mit John, einem Schotten, der am Niederrhein in der Army gedient hatte! Daher ging ihnen auch der Gesprächsstoff nie aus! Von ihnen stammte der Tip mit dem leeren Ferienhaus, seiner Datscha, und die Mietverhandlungen hatten sie ebenfalls für ihn geführt. Zu dem Zeitpunkt verstand er noch kein Wort der Landessprache.

Das alles hätte er sich an dem Morgen vor knapp einem Jahr nicht träumen lassen. als er seinem Chef die Idee mit dem Sabbathjahr eröffnete, Der alte Reimers war zwar nicht erfreut, aber angesichts seines gewaltigen Überstundenkontos und der ausstehenden Urlaube willigte er ein. Zum Abschied wünschte er ihm noch viel Erfolg bei der Umsetzung seiner Träume, er selbst hätte die Chance verpasst und jetzt wäre es wohl zu spät. Über elf Monate war das her, aber im Rückblick wirkte es wie elf Jahre. Die Tage nach diesem Gespräch waren damals ausgefüllt mit Vorbereitungen, die erstaunlich reibungslos abliefen, als hätten die Umstände nur auf ihre Verwirklichung gewartet. Auch Anja war gar nicht erstaunt oder ärgerlich. Sie hatte es wohl ebenfalls gespürt und sie trennten sich ohne Ressentiments.

Dann das Neue, das Land, das Gewühle in den Städten, die Lebensumstände hier, der unendliche Strand und vor allem dieses blaue Meer! Was für ein Unterschied zur grauen Nordsee! Da blieb kein Platz für Gedanken an den Winterblues vom Niederrhein. Hier war das Leben! Als Hilda und John ihn am Abend letztens auf sein Zuhause am Niederrhein und eine eventuelle Rückkehr ansprachen, antwortete er ohne auch nur einen Moment zu zögern: „Welches Zuhause? Welche Rückkehr??!“

## Der Clown

*7.3.2022*

Er war ein altes Zirkuspferd,
das tänzelt, wenn die Lampen glühen.
hat Grock und Rivel noch verehrt
und ist jetzt schließlich heimgekehrt,
dort wo Vergissmeinnicht nur blühen.

Er hat das Lachen uns gelehrt,
die hohe Schule froh zu sein,
hat Ernst in Fröhlichkeit verkehrt,
Sekunden leichten Seins beschert,
die Schwermut tanzte Ringelrein.

War Donald Duck, der Unglücksrabe,
die Ente, so wie du und ich,
entzog dem Stolz sein Prunkgehabe.
und degradiert zur Küchenschabe
- lachte selbst dieser über sich!

Nun ist er fort. Noch immer klingen
uns seine Späße hier im Ohr,
wenn wir nur mit dem Alltag ringen.
Es konnte Eis zum Schmelzen bringen:
sein Lächeln, das er nie verlor!

# Herzkasper Eli

*21.11.2020*

Es ging einfach nicht mehr.

Das wird schon, denke ich, war immer so. Aber diesmal … ..schon zwei Tage.

„Ruf an!" drängt sie. „Mal sehen." „Ruf an!!" „Ja." „Du musst anrufen, eins-eins-zwei!!!"

Dann war's so weit. Ging nicht mehr.

Sie waren schnell da, ehe ich noch richtig gepackt hatte, nur das Nötigste.

Später meinte der junge Arzt zu ihr: Das hätte er auch noch nicht erlebt, dass jemand, den es so erwischt hat, noch selbst mit dem Köfferchen die Treppe herunterkommt und in den Wagen steigt!

Dort wird ein Zugang gelegt und was gespritzt, schon hänge ich an irgendeiner Buddel.

„Wohin?" „Ins Eli."

Es war nicht sehr lange, glaube ich, kriegte nicht mit, wie er fuhr, Aber die Notaufnahme kannte ich. Bin öfters daran vorbei gelaufen, als sie vor zwei Jahren angebaut wurde, auf dem Weg zum Müllberg im Stadtwald, meiner alten Trainingsstrecke für Santiago.

Dann geht die Tür vom Wagen auf, raus mit mir und umlagern, andere Liege. „Auf drei: Eins , Zwei … .." Sie nehmen mich hoch.

Ich rolle. Helle Flure, links abbiegen in einen Untersuchungsraum, ein bisschen bunkerartig. Nebenan ist noch wer, kann's nicht sehen, spanische Wand dazwischen, interessiert mich auch nicht. Abhören, Blutdruck. EKG-Elektroden.

Hose, Jacke aus, ist mir egal, immer noch Schläuche an mir, ich hänge weiter am Tropf. Warte.

Auf einmal wird alles aufs Fußende gepackt, die Tasche, eine Kladde oder ein Protokoll, ein großer Plastikbeutel, haben meine Klamotten dort rein gestopft.

Wieder lange Flure entlang, Aufzug, noch mehr Flure und schließlich irgendwo geparkt. Betrachte alles, aber nicht sonderlich beteiligt, weiß auch teilweise nichts mehr davon. Nur eine Tür, auffallend in rot: Covid-19 - Bereich -: „Zugang nur für … "

Dann der Bettenbau, kommt bekannt vor. Wann war ich mal da? Als ich mit der Leiter umgekippt bin und die Heckenschere im Oberarm landete, aber nicht mit der Schokoladenseite. Muss sechs, sieben Jahre her sein, in etwa. Wurde was genäht, wollte aber keine Betäubung – wozu für so ein bisschen?

Schrecke auf: ‚Ob ich eine Kathederuntersuchung kenne?' , Nein, woher auch ??' Soll das jetzt … ? Sind schon wieder weg. Weiter warten.

Irgendwann neue Betten-Rallaye, um die Ecken, an einer davon streift es das Bedienungsmodul der elektrischen Matratze vom Bett, klatscht auf den Boden. Sie heben sie auf ohne einen Mucks.

Ein ganz neuer Raum, ziemlich technisch. Bildschirmgarnituren hängen von der Decke, oben eingelassene Schienen kreuz und quer. Wieder umlagern: zur Seite drehen, ein Brett drunter und zurück. „Auf drei: Eins, zwei … " - kenne ich schon. Die Liege ist hart. Mir ist kalt. Sie decken mich zu.

Zwei junge Frauen, zugewandt, freundlich, hübsche Gesichter, trotz der Vermummung, fühle mich wohl bei ihnen; gehen unaufgeregt ans Werk, wirkt sicher, was sie tun, ich kann aber nichts sehen. Durch die Leiste, sagen sie. Spüre es nicht. Auf dem Bildschirmen oben geschlängelte Linien und eine dunkle Schlinge, die sich bewegt. Eine Sonde?

Dann so was wie eine Ansage,: „Dehnen" oder „Aufpumpen" und die Anforderung vor irgendwas, - unverständliche Bezeichnung, Zahlencode, wohl ein Ersatzteil. Oder wie ich später kapiere: ein „Einsetz-Teil". Schon ist es drin, spüre wieder nichts. Das Ganze zweimal noch und fertig. Sie zeigen mir, wo das war: vorher/nachher (wie in der Werbung): Einschnürung der Schlängellinien, blutleere Kapillaren kapiere ich, und anschließend keine mehr, Schön! Beeindruckt mich aber trotzdem nicht sonderlich. Komisch! Geht doch um mich?!

Bettwechseln, wieder auf's Brett, wieder das andere Bett und Abfahrt, auf die Intensiv, so viel bekomme ich mit. Muss schon spät sein. Essenszeit wohl längst vorbei. Habe zwar keinen Hunger, den ganzen Tag nicht. Aber man denkt dran. Wie Gedanken funktionieren? Nur auf vorgefertigten Bahnen?

In dem neuen Raum ein Kommen und Gehen wie auf dem Bahnhof. Gegenüber eine offene Tür, dahinter ein Gang, dort liegen noch andere, scheint zumindest so. Und was soll ich hier?

Es drückt links auf der Brust, die Schulter sticht. Kann nur ziemlich hoch liegen, Hustenreiz. Auf der linken Seite gehts gar nicht. Schläuche und Leitungen stören. Aufkleber auf dem Körper, ‚Sticker', so wie früher die Metallplättchen auf den Wanderstöcken von irgendwelchen Wanderzielen. Aber wo war ich hier gewesen?? Im Wartesaal zum Nirgendwo? Die Fingerklemme ist lästig. Wenn ich sie wegnehme, piepst es, also bleibt sie.

Bin dann doch weg gedämmert. Nur zwischendurch immer mal wieder wach, Bewegung auf dem Gang..

Scheint dann Morgen zu sein. Betriebsamkeit, wenigstens ist jetzt was los. Döse vor mich hin. Frühstück gäb es nicht, müsste nüchtern bleiben. Ein junger Arzt macht Ultraschall von der Brust, redet auf mich ein wie auf ein krankes Pferd, weil ich kritisch war wegen all der Pillen, die ich alle schlucken müsste: Fettsenker, Blutverdünner, Betablocker, Blutdruckmittel und - und. Zum Schluss dann die Keule: „Sonst geht das drinnen wieder zu und dann - aus! Das wollen sie doch nicht?!" Supggestivfrage. - Woher will er das wissen?? Gedankenleser? Angst machen, ja, da sind sie sich alle einig. Es muss doch auch anders gehen. Ultraschall-Gel auf die Btust, klebrig und kalt. Wofür? Hatten wir doch schon mal? Doppelt gemoppelt?!

Und wieder die Bettenrallye, rechts, links, rechts, vorne seitlich am Flur ein Parkplatz für Betten, Anschlüsse in der Wand, für

Sauerstoff? Undefinierbare Geräte stehen rum. Was für ein Gerümpel! Parke lange da, die Augen fallen immer wieder zu.

Schon wieder Essenszeit, denke ich, der alles dominierende Krankenhaus-Rhythmus: Herzschrittmacher für die ganze Klinik?! Ich warte. Ob alle jetzt futtern? Jemand kommt vorbei, vertröstet. Ein Gesicht, das ich schon kenne; ist angenehm. Sind nett hier, alle, nichts zu meckern. Gegenüber eine breite Schiebetüre. „Laufende Untersuchung, kein Eintritt" oder so ähnlich steht darauf.

Irgendwann - nach einer Stunde - oder mehr? - werde ich dort rein geschoben; war auch langsam Zeit. Ziemlich kleiner Raum. So was wie eine Anrichte links, einer kramt in den Schubladen; drei Personen insgesamt, wozu? Nur einer sitzt bei mir, ein Frau am Schreibplatz rechts vorn beim Fenster. Wieder das kalte Zeug auf den Rippen. Es dauert. Kriege nichts mit, der Monitor ist seitlich zu weit hinter mir. Höre nur. Irgendwo bewegt sich irgendwas nicht. Sollte aber, sagen sie. Sprechen wohl von meinem Herz, aha. Das Ding, das es nicht tut, so viel habe ich auch schon mitbekommen. Und es rührt mich noch immer nicht.

Endlich fertig, raus und weiter im Roll-Bett, anschließend der gleiche Raum von gestern mit den Schienen oben; kommt mir vor als wäre ich heute von der anderen Seite rein gefahren. Umsteigen, Verschiebebahnhof: ‚Vorsicht an der Bahnsteigkante'. Heute soll ich alleine, kein Brett. Frau Dr. ...(?). käme gleich, müsste sich noch umziehen. Ist dieselbe von gestern, ein Déja-vue, freut mich und ich sag es ihr. Sie freut sich anscheinend auch, so was ist sie wohl nicht gewöhnt!

Gestern Leiste, heute Unterarm, die gleiche Prozedur. Die Bildschirme, die Schlängel darauf, das Aufnahmgerät, das wie von Geisterhand um mich herum surrt. Die Ersatzteilanforderung mit der technischen Bezeichnung, „Roland, kannst du mal sehen?" Das geht in den Nachbarraum, Bestätigung von dort.

Denke an ein Auto, wenn es auf der Hebebühne steht, die Haube auf und innen fehlen Teile. Wenn es Verstand hätte, wären es dann auch so neutral, so unbeteiligt?

Von der Operateurin nochmals eine Erklärung, ist ja nett. Zwei Leitungen dicht, repariert, - Öldruck wieder normal, runter von der ‚Hebebühne'! - bzw. ab ins Bett, auch wieder ganz alleine. „Hhhhalleine - bin schon groß!!" hatte meine Anne immer gesagt, als sie klein war!

Zurück im Überwachungsraum. Immer noch EKG-Kabel und Kleber an mir. Wenn ich die Fingerklemme abmache, piepst es wieder. Dazu Schläuche am Arm und eine Nasenschlaufe im Gesicht, mehr geht nicht.

Der Nachbar ist einundneunzig, aber oho! Nur im Moment geht's ihm ähnlich wie mir. Die Zeit verrieselt, verrinnen wäre zu schnell. Der Druck bleibt, die Schulter sticht noch. Der Einundneunzigjährige erzählt von Schlesien, an der tschechischen Grenze, ein sechshundert-Seelen Dorf. Wie er später eine weiße Armbinde tragen mussten als Deutscher, erzählt es ohne Emotionen, so war es halt. Er war dann einige Male da, als das wieder ging,

Wenn ich zu tief runterrutsche im Bett, muss ich husten. Vom Sauerstoff, ist die Nase innen blutig. Der Druck und das Stechen erinnern mich, warum ich hier bin. Die Nacht und das Nachttief gehen mir durch den Kopf. Der Nachbar schläft. Denke plötzlich: ist es dann vielleicht so weit? Irgend ein Gerät piepst nebenan wieder. Stört beim Nachdenken.

Habe vor Jahren mal in mich rein gehört, wann … .?! Und da kam: Neunundsiebzig. Wäre also jetzt! Vielleicht ist es so! Fühle aber nichts.

An der Wand oben in der Ecke, unter einem Kasten - wohl ein Klimagerät – ist es jetzt grün. Ein leuchtend grüner, geschwungener Saum, eine Sichel. Er bleibt dort, folgt meinen Augen nicht und wird größer, füllt jetzt eine kleine Fläche aus, ist da, sonst nichts. Und bleibt. Merkwürdig. Von oben kommt eine zweite Farbe, vorsichtig, scheint es. Rosé oder eher Altrosa, beide Flächen stehen eine ganze Weile nebeneinander, schaut interessant aus. Was soll das? Keine Idee! Schließlich noch eine dritte Farbe: gelb bis dottergelb von der Seite. übernimmt langsam die ganze Wand. Jetzt, wo ich die Notizen abschreibe, ist sie wieder da, Ei-gelb an der weißen Wand hinter dem Laptop. Es ist nicht die Spiegelung der goldfarbenen Verschlusslaschen des Laptop-Koffers, wie ich zuerst argwöhne; das Gelbe folgt meinem Blick nicht, so wie ursprünglich auf der Wand auch nicht. Es hat sich dann ausgebreitet bis nach unten. Dort ist etwas Fleckiges, Schwärzliches,. Das Gelbe löscht es nach und nach aus, fast zur Gänze.

Die Farben haben deutlich etwas Persönliches, das scheint sicher. Steht eventuell jemand bereit mich zu empfangen, abzuholen? Die grüne Sichel würde zu meinem Bruder passen, dem Pfiffikus. Ich sehe das Familienfoto noch vor mir. - für den Fotografen hatte meine Mutter wiederholt versucht ihn von seinen Faxen abzuhalten, erzählte sie später. Heraus kam ein Bildchen, auf dem er krampfhaft die Lippen zusammenpresste, um nicht mit Lachen lauthals heraus zu platzen! Ich weiß noch: wenn sich jemand weh tat, bekam er einen Lachanfall, er konnte nicht anders. Wohl seine Art, mit dem emotionalen Stress umzugehen. Drei Jahre liegt das zurück mit ihm. Bin jetzt alleine noch übrig von uns fünf. Habe gerade nochmals die Grabstelle der Eltern um drei Jahre verlängert, konnte das nicht, sie einfach dem Boden gleichmachen lassen, auch wenn ich sehr selten da bin. Da existiert eben noch etwas von ihnen, ein Anker, eine Anlaufstelle. Sentimental? Schon möglich, aber wen geht's was an?

Das unaufdringliche Altrosa würde zu Mutsch passen. Dasein ohne groß Aufhebens davon zu machen, dafür sorgen, dass alles läuft, sich kümmern und es allen schön machen. Von ihr habe ich z.B. das Serviettenfalten gelernt, damit die Papierdinger dann wie kleine Schiffchen adrett auf dem Kuchenteller stehen, wenn wieder mal Geburtstag oder Weihnachten war oder Besuch kam. - Meine Mutsch! Fünfunddreißig Jahre ist das jetzt her, dass sie ging.

Aber das Gelb, erst war es zart, dann satt Dottergelb, dabei kann ich nur an einen denken: den dritten von uns Brüdern. Mein Gott, wie unendlich lange ist er....?! Er wäre jetzt - wieviel? War doch damals noch ein Kind! Aber es stimmt schon, was man sagt, genau so empfinde ich es: Was einmal zusammengehörte, geht nie mehr auseinander. Bleibt! Schöner Gedanke! Und das Gelb an der Wand bleibt lange!

Auch der Wackerstein links auf der Brust und die Stiche in der Schulter sind noch da. Also, wie wär's mit heute Nacht? - Anfrage bei der Fahrplanauskunft: Wann geht der Zug? - Zwischen den Lamellen vor dem Fenster rechts, wo ein bisschen Nachtdunkel reinschaut, scheint jemand den Kopf zu schütteln, nur eine Sekunde, aber ganz eindeutig, unzweifelhaft. Wer oder Was? Aha! denke ich, also nicht! Auf eine so schnelle Antwort war ich nicht gefasst. Und sie freut mich nicht einmal besonders. So ist es eben, auch wenn's anders wäre.

Trotzdem finde ich es gut, dass am Morgen die Nacht um ist. Viel Schlaf war nicht. Von draußen schaut zwischen den Lamellen nun ein Stück Blau rein, angenehm, fühle mich ihm verbunden.

Ich denke, was für ein schönes Leben ich doch bis jetzt hatte mit meinen Kindern, die ich wirklich liebe.!! Mit jemanden, der draußen auf mich wartet, den Patienten, mit denen ich mich verbunden fühle. Was für ein schönes Land, wo ich lebe, die Leute darin, die mir zugetan sind, (oder auch nicht!) Alle sind sie etwas Besonderes, vielleicht besonders geschickt oder auch faul, besonders durchtrieben oder besonders liebenswert. Alle gehören sie dazu. Und ich auch!

# Das Herz

*30.1.2022*

Du hast mir klaglos durch die Zeit gedient.
ich kann's verstehen, wenn du ruhen möchtest,
wenn Lust und Kraft, die ihr geduldig schient,
wenn du, mein Herz, es nun zum Schlusspunkt brächtest.

Habe geschöpft aus meinem Reservoir,
als ob der Zeitenvorrat niemals endet,
gesucht, erstrebt, was unerreichbar war,
dem greifbar Handfesten mich zugewendet.

Doch du, mein Körper bist ein weiser Lehrer,
zeigst mir die Grenzen meiner Existenz,
Geist und Seele lernen zu begreifen,

und meine Glieder werden spürbar schwerer:
es kommt der Winter und kein neuer Lenz!
So will ich still zu meinem Ende reifen.

# Die Freiheit des K.U.

*4.-6.2.2020*

Es dämmerte schon und durch die verdreckten Fensterscheiben des Bades fiel jetzt noch weniger Licht herein für seine Arbeit. Also würde er Schluss machen. Er richtete sich langsam auf. Der Rücken schmerzte mal wieder und das Knie ebenfalls. ‚Morgen ist auch noch ein Tag', dachte er. Das Einfugen könnte in der Frühe geschehen, es dürfte nicht so viel Zeit in Anspruch nehmen und dann könnte er einen Stock tiefer schon mit dem Boden beginnen. Der Bauherr hatte praktischerweise einheitliche Fliesen für die drei Bäder gewählt, so blieb nicht so viel Verschnitt übrig. Er bewegte das Bein mit dem besonders empfindlichen Knie und ließ den Unterschenkel baumeln. ‚Man ist halt keine zwanzig mehr' dachte er und hockte sich für einen Moment auf den kleinen Dreifuß. Dann zog er die Handschuhe aus. Seine Finger waren von der Feuchtigkeit verschrumpelt wie bei einer Waschfrau.

Seit über dreißig Jahren machte er jetzt diesen Job. Das hätte er sich damals auch nicht träumen lassen. Es sollte ja nur vorübergehend sein, bis er vielleicht seine eigenen Vorstellungen in die Tat umsetzen könnte. Denn ursprünglich hatte er ganz andere Ideen im Kopf. Irgendetwas mit Formgebung, Gestaltung, Designer vielleicht, das wäre es gewesen. Er hatte schon als Schüler gerne und gut gezeichnet, das einzige Schulfach, in dem er regelmäßig eine Eins bekam. Aber dann wurde sein Vater krank, Staublunge, Asthma, vierzig Jahre Bergmann. Irgendwann ist die Gesundheit ruiniert. Er erlebte nicht einmal mehr die Frührente. Den Bruder hatte das nicht davon abgehalten ebenfalls in den Pütt einzufahren. So war das eben damals in ihrer Gegend. Friedmann war zwar zehn Jahre älter als er, aber junge genug, um solche Gefahren einfach zu ignorieren. Als dann sein Vater starb, war er, Kai-Uwe gerade sechzehn. Die Mutter hatte nie fest gearbeitet, nur hin und wieder geputzt im Haushalt des Bergwerkdirektors und damit war klar, dass das Familieneinkommen nur noch für das Nötigste reichen würde. Er selbst würde nicht studieren können. Doch ins Bergwerk wie Friedmann kam für ihn nicht in Frage. Ihn grauste bei der Vorstellung hunderte Meter tief unter der Erde eingeschlossen zu sein in stickigen Gängen bei Hitze und Staub und zu schuften, immer die latente Angst im Nacken, dass irgendetwas passierten könnte.

Ein Bekannter seines Vaters war Fliesenleger und der bot ihm an bei ihm zu lernen. Wenigsten nicht im Pütt, dachte er. Und gut verdienen schienen die Fliesenleger auch. Also machte er das. Er konnte der Arbeit sogar einige gute Seiten abgewinnen, denn mit seinen Händen war er immer schon geschickt gewesen und sein vom Zeichnen geschulter Blick ließen ihn keinen Murks abliefern. So etwas wäre ihm wider den Strich gegangen. Er hatte wirklich Geschmack, nichts Angelerntes, sondern ganz aus sich selbst heraus, und das honorierten seinen Kunden entsprechend, als er sich später selbständig machte. Immer mal wieder war es ihm durch den Sinn gegangen, dass er eigentlich etwas ganz anderes hatte machen wollen. Abendschule vielleicht, zweiter Bildungsweg, Industriedesigner. Aber das Geschäft lief gut, ohne Überstunden kam er gar nicht zurecht und der nächste Auftrag wartete schon. So blieben seine Ideen auf der Strecke, gestrandet irgendwo zwischen den Anforderungen von heute, der Planung für morgen und seiner Familie. Die gab es auch, seit er vierundzwanzig war. Da hatte er Marie kennengelernt und dann war Ines unterwegs. Und als ob das für sein Alter nicht schon genug an Verantwortung gewesen wäre, kündigte sich knapp zwei Jahre später Gabriele an. Überdies wurde seine Mutter krank und brauchte Hilfe, also keine Chance für ihn auszubrechen.

Er erhob sich langsam von seinem Schemel, wusch den Zahnspatel und die kleine Kelle sauber, kratzte den letzten Fliesenkleber aus dem Eimer und sammelte Werkzeuge und Wasserwaage hinein. Als er sich bückte um die Knieschoner abzunehmen, hatte er das Gefühl, sein Kreuz würde durchbrechen. Er müsste kürzer treten, das war klar. Das Geldverdienen war ja ganz schön und gut, aber so schlecht ging es ihm nicht mehr. Eine solche Entscheidung hatte sich schon einmal für ihn ausgezahlt, als er sich von zwei seiner Angestellten trennte. Der Aufwand und Ärger mit Abrechnungen, Steuer, Zeitdruck, unzufriedenen Kunden wegen Fehler seiner Leute, die er dann eigenhändig nachbessern musste - das alles kostete Zeit, und Nerven. Da lohnte das bisschen Mehr an Ertrag nicht. Einmal war es auch einfach nur Pech, als Franz, sein letzter Angestellter, von der Leiter fiel und sich das rechte Handgelenk brach. Und wer hatte die zusätzliche Arbeit und die Kosten am Hals? Kai-Uwe! Er nahm das zu Anlass nur noch für sich alleine zu arbeiten. Da hatte er fast das gleiche Geld, ohne mit den Nerven auf dem Zahnfleisch zu gehen. Ganz abgesehen davon ließ sich auch das eine oder andere nebenbei machen, ohne Steuer versteht sich, das machte schließlich jeder.

Und wenn er ganz aufhören würde? Einfach so? Ein Einfall, der sich ihm plötzlich aufdrängte. Nein, so plötzlich auch nicht, aber noch nie hatte er ihn vor sich selbst laut ausgesprochen. Bis eben. Wie wär's? Keine Planungen mehr für die Zukunft, nichts an Verantwortung und Verpflichtungen - ja, das könnte er sich schon vorstellen. Er schnappte in Gedanken die Umhängetasche vom Fensterbrett, sie verhakte sich mit dem Riemen am Hebel für die Kippeinrichtung, zog sie ihm aus der Hand und alles klatschte heraus auf die Fliesen, Schlüssel, Papiere, Taschenmesser, Geldbörse und die Brotdose mit dem angebissenen Brot vom Mittag. Zum Glück hatte er den Boden schon am Vortag verlegt und es passierte nichts mit seiner Arbeit. Während er alles wieder einsammelte, kam ihm das Lied von Udo Jürgens in den Sinn: „Ich war noch niemals in New York … ..!" Er auch nicht. Die gleiche Situation wie in dem Lied stellte er fest: alles Wichtige hätte er zur Hand, einschließlich der Kreditkarten. Er könnte gehen, die Bude zumachen, sich ins Auto setzten und losfahren. Oder nicht einmal das: ein Taxi nehmen, vielleicht sogar unterwegs nochmals wechseln um alle Spuren zu verwischen und weg wäre er, Hokus-Pokus, von der Bildfläche verschwunden!

Einen Augenblick schwelgte er in seinen Fantasien. Aber könnte er es wirklich? Er setzte sich auf den Stapel Wandfliesen und musste an seine Kleine denken, an Steffi, die Nachzüglerin. Vor ein paar Jahren, als er und Marie schon gar nicht mehr damit gerechnet hatten, war sie auf einmal da, sein Sonnenscheinchen! Bei den beiden Größeren hatte er das Aufwachsen nie so intensiv mitbekommen. Zu viel Arbeit, zu viel Anderes im Kopf und auf seinen Schultern. Aber dann Steffi! Wenn er jetzt abends nach Hause kam und die Tür aufschloss und der braune Lockenkopf aus seinem Zimmer oben die Treppe herunter tobte und den Flur entlang, um in seine Arme zu fliegen, wenn er die sechs Jährchen Leben dann im Kreis durch die Luft herumschwenkte, dann war alles in Ordnung, dann vermisste er gar nichts mehr, zumindest nicht für den Moment. Auch sein Träumerchen Gabriele, die Mittlere, würde ihm fehlen, die stille, die genau wie er gerne zeichnete und für ihr Alter schon ausgesprochen gut. Schließlich Ines, eine junge Dame bereits, die sich gerne etwas älter zurecht machte und dann toll aussehen konnte. Nein, das ginge nicht. Auch Marie könnte er das nicht antun, es wäre nicht fair. Sie war immer bemühte gewesen, immer für ihn da und hatte ihm die Kinder geschenkt und erzogen. Für ihre Rolle im Haus war er ihr sehr dankbar. Dass nach so vielen Jahren der Glanz weg war, der Zauber von damals nur noch Erinnerung – normal! Übernächstes Jahre würden sie Silberne haben.

Aber wo war er selbst abgeblieben in all der Zeit? Und mit allem, was er einmal gewollt, was er nie verwirklicht hatte? Er war doch auch etwas wert. Auch er war einmal Kind und in den Augen seiner Eltern das schönste, intelligenteste und beste auf der ganzen Welt. Was war davon übrig? Wozu sind uns alle Gaben gegeben, wenn wir nichts daraus machen?

Sicher, er hatte mit seinen Händen so einiges geschaffen, das vorzeigbar war. Sein Haus zum Beispiel. Sie hatten damals einen Auftrag für drei Bäder und den Boden im Hausflures. Es war ein kleines, dreigeschossiges Patrizierhaus, lag etwas außerhalb, besaß dafür aber einem großen Garten. Franz, sein Angestellter, kannte den Besitzer. Dieser hatte bereits das Dachgeschoss ausbauen, die Sparren herausschneiden lassen für eine Terrasse, die Elektrik und die Sanitärleitungen waren neu, nur die drei Bäder und der Boden unten standen noch an. Er selbst hätte ja die alten Fliesen im Eingang so gelassen, wie sie waren, sie verströmten einen so herrlich antiquierten Charme. Deswegen gab es mit dem Eigner einen kleinen Disput, der wollte unbedingt alles brandneu haben. Darüber verstarb er plötzlich. Ein Autounfall.

Während sie noch nicht wussten, wie es weitergehen sollte, äußerte die Witwe des Auftraggebers Franz gegenüber, dass sie jede Lust an dem Objekt verloren hätte und verkaufen wollte. So kam er zu seinem Haus. Die Folgezeit brachte dann jede Menge Arbeit, auch samstags und sonntags und an so manchem Abend wurde es spät. Er sparte, wo es ging, improvisierte mit den Resten von anderen Baustellen und gelegentlich kam dabei sogar etwas Besonders heraus wie das Mosaik aus Fliesenbruchstücken im Gästeklo! Das war ihm gut gelungen, er lächelt vor sich hin. So hatte er es geschafft. Zum Ausgleich für ihre Mithilfe klebte in den Bädern und Küchen einer Reihe von Freunden und Kollegen so einiges an Fliesen, von ihm verlegt - eine Hand wäscht die andere. Und das Ergebnis konnte sich sehen lassen.

Unten schloss jemand die Haustür auf und schaltete die Beleuchtung ein. Der Bauherr kam die Treppe herauf und wunderte sich, ihn noch anzutreffen. Kai-Uwe murmelte etwas von ‚nochmals ausmessen'. Sie sprachen kurz über den Fortgang der Arbeiten und den Zeitplan, dann verzog sich der Eigner wieder.

Kai-Uwe saß noch immer auf seinem Fliesenstapel und konnte sich nicht aufraffen zu gehen. Er schnappte sich das angebissen

Brot vom Mittag. Jetzt heimzugehen wäre ihm irgendwie als Flucht vor sich selbst vorgekommen, jetzt, wo ihn das Thema Freiheit mit Wucht wieder gepackt hatte. Welche Lösungen gäbe es? Ob er sich irgendwo einen Freiraum schaffen sollte, eine Fluchtburg mieten, um zeitweise darin unterzutauchen! Hinten in seinem Garten gab es eine gemauerte Hütte. Die Ausgestaltung wäre einfach, ein Erdkabel für Strom, ein bisschen malern, der Bodenbelag und fertig. Aber mit dem Alleinsein würde es nicht hinhauen. Er wäre zu sehr in Reichweite seiner Kinder. Es müsste schon etwas Neutraleres sein, ein Refugium, von dem niemand etwas wüsste. Das könnte er dann besuchen, wann immer er wollte, als Selbständiger war seine Zeit ja einteilbar. Vielleicht würde aber Maria argwöhnisch, wenn er zu oft weg wäre, glaubte er hätte ein Verhältnis, etwas Verbotenes. Schon bei dem Gedanke kam es ihm selbst so vor. Wer würde ihm auch glauben, dass er nur ein Stück persönlicher Freiheit ausleben wollte? Und was würde er dort machen? Vielleicht einen Y-tong-Stein mit Hammer und Meißel zu einer Skulptur bearbeiteten oder eine Wand mit Acrylfarben bemalten, wie es ihm gerade in den Sinn käme. Vielleicht auch wieder ein Mosaik aus Kachelresten, das hatte Spaß gemacht. Aber würde das für seinen Freiheitsdrang ausreichen?

Er hatte das Licht wieder ausgeschaltet und biss erneut ins Brot vom Mittag, aber es war ziemlich trocken im Mund. Langsam kauend spürte er im Dunkeln seinem Gefühl nach, dieser gewissen Unruhe. Er stand auf und stieß aus Versehen an eine der zuletzt verlegten Kacheln, spürte wie die sich bewegte, aber es kümmerte ihn nicht. Ob diese Menschen, die sich freiwillig für das Experiment eines Mars-Fluges ohne Wiederkehr gemeldet hatten, - oneway, ohne Notbremse, - ob sie auch solch eine Sehnsucht beseelte nach der einzigen, einmaligen, nie erlebten Freiheit? Ihn schwindelte. Vom Gedanken an diese Freiheit vielleicht? Er kannte so was nicht von sich, musste sich sich wieder hinsetzen. Sein Körpergewicht lastete schwer auf der harten Unterlage und er schnappte etwas nach Luft. Ihm war komisch zumute und das steigerte sich noch. In der Brustgegend registrierte er einen dumpfen Druck und hielt sich krampfhaft an dem Fliesenstapel fest. Plötzlich sah er seine kleine Steffi vor sich und auch Gabriele und Ines. Weiter hinten stand Maria. Steffi lachte und streckte die Arme nach ihm aus, aber es schien ihm, als ob alle vier plötzlich schrumpften und mitsamt der Unterlage, auf der sie standen, nach hinten weggezogen würden. Warum? Sie waren doch der Anker in seinem Leben - bis eben. Und nun waren sie fort. - Er fühlte sich mit einem Mal - so frei! Völlig frei! Allerdings ganz anders, als er sich das je vorgestellt hatte, so umfassend, fast erschreckend grenzenlos. Im Bad wurde es jetzt ganz hell.

Seine Hand rutschte von dem Stapel Keramikplatten ab, an dem er sich festgekrallt hatte, die andere konnte das angebissene Brot nicht mehr halten und es fiel runter, kullerte über die Fliesen und klappte auseinander, die Wurstscheiben darin hatten trockene Ränder. Und langsam wie in Zeitlupe, aber unaufhaltsam, kippte er seitlich über die restlichen Kartons mit dem Aufdruck ‚Kronos ceramiche' hinunter auf die weißen, glänzenden Kacheln des Bodens.

# Ableben

*17.11.2022*

Der Moment erstarrt, reißt Tore auf,
Stufen, Abgründe dahinter,
luftige Gebirge, Sehnsuchtsorte
oder das Inferno
selbst gehäkelter Gedanken.
Hier fließen die Wässer andersherum,
es kann das Ich sich selber sehen,
der Käfig mit den Gitterstäben,
woran die Sehnsucht rüttelte:
er steht fernab,
nicht mehr benötigte Staffage.
Sich nun auf die Gedanken schwingen,
verzagt Erdhaftes noch in der Luft,
ein Ziel voraus, nicht zu beschreiben!
Und unten, seitlich oder oben
heben durchscheinende Schleierwesen
die Arme zum Willkommensgruß empor
in purer Unbegreiflichkeit.

# Ratzeputz oder das fliegende Einhorn

*29.-30.1.20*

Einhörner sind ja bekanntlich Fabelwesen aus einer fernen Märchenzeit, wunderbare Geschöpfe mit einmaligen Fähigkeiten, wie sie so schön in einem der Harry Potter Filme gezeigt wurden. Gern glaubt man so etwas, oder wünscht sich zumindest, dass es sie gäbe. Situationen im eigenen Leben, wo das Erscheinen eines Retters angesagt gewesen wäre, hat ja jeder schon erlebt. Nur - bei uns kommt eben keiner! Um so genüsslicher folgt man den Märchenerzählungen, die uns vorgaukeln, dass alles möglich ist.

Cora glaubt natürlich nicht, dass alles möglich wäre. Dafür hatte sie das Leben schon zu sehr gebeutelt. Erst ihre eigene Krankheit, das Asthma, weiß der Himmel, wo sie sich dies eingefangen hatte. Dann die lange Behandlungen und die immer fragile Gesundheit, dazu die Kinder, die auch öfters kränkelten, das alles war wirklich nicht leicht gewesen. Ihr Mann saß als kleiner Beamter in der Finanzverwaltung der Stadt, und da sie nur halbtags arbeiten konnte, war die Kasse bei Ihnen nie wirklich gut gefüllt. Mittlerweile waren die Kinder lägst ausgeflogen und Erich mit fünfundfünfzig von einem Herzinfarkt dahingerafft worden. Nun saß sie ganz alleine in ihrem mittlerweile viel zu großen Reihenhaus.

Alle hatten schon auf sie eingeredete, sie sei doch viel zu jung, um sich nur in ihren vier Wänden zu vergraben. Sie müsse ausgehen, jemanden kennenlernen, vielleicht eine Annonce aufgeben, das sei doch heutzutage keine Schande.

Ein/zweimal hatte sie sich sogar darauf eingelassen und auf ein Inserat geantwortet. Nicht dass die Männer, die sie dann getroffen hatte, unansehlich oder gar aufdringlich gewesen wären. Aber wenn sie sich dagegen ihren Erich vorstellte, hatte sie keine Lust mehr jemand näher kennen zu lernen. Schließlich war sie bei Ratzeputz gelandet! Ratzeputz – so hatte sie ihn getauft, weil er schon als Welpe jedesmal  innerhalb von Sekunden sein ganzes Fresschen verputzt hatte. Und es hätte noch viel mehr sein können, suggerierten seinen treuen Hundeaugen! Ratzeputz war ein Rauhhaardackel. Eine Bekannte hatten ihre Hündin decken lassen und nachdem diese geworfen hatte, Cora einmal eingeladen, die kleinen Racker zu besichtigen. Einer wimmelt von Angang an besonders um ihre Beine herum und wollte gar nicht mehr weggehen. Sie nahm ihn hoch, hielt ihn eine Weile auf dem Arm und setzte ihn dann wieder auf den Boden. Da schaute das kleine Kerlchen dermaßen entsetzt zu ihr auf und quietsche ein bisschen, dass sie gar nicht anders konnte als ihn zu adoptieren.

Von da an hatte ihr Leben wieder einen Sinn und ein Aufgabe, die gar nicht zu unterschätzen war. Ersten brauchte das Tier Futter und einen Fressnapf, dann Impfungen, ein Hundegeschirr, damit er nicht weglief, und einen eigenen Schlafplatz. Sie kaufte ein kleines Sofa, ein niedliches Möbel, das wie ein richtiges Sofa aussah mit Holzfüßen und Armrollen. Wobei sich natürlich die Frage stellt: Hat ein Hund Armlehnen nötig? Ratzeputz beantwortete diese Frage auf seine Weise. Er knabberte sie einfach an, eine seiner Lieblingsbeschäftigungen. Auch Coras Hausschuhe hatten darunter zu leiden. Aber er entlohnte sie mit so viel Liebe und Anhänglichkeit, dass sie ihn sich nie mehr aus ihrem Leben wegdenken mochte.

Einmal geschah etwas Merkwürdiges. Es war ein Tag, an dem bei Cora alles daneben ging, was nur daneben gehen konnte. Sie hatte im Keller eine Maschine  mit Wäsche angestellt und in der Zwischenzeit ein bisschen gestaubsaugt.  Ratzeputz kläffte. Der kann jetzt warten, dachte sie und saugte weiter.  Prompt überhörte sie auch das zweite  Klingeln des Paketboten und der warf nur rasch eine Benachrichtigungskarte ein. Das hieß, sie musste ärgerlicherweise selbst zur Post und die war ziemlich weit weg. Inzwischen setzt sie eine Gemüsesuppe auf. Nach dem Wegräumen der Abfälle ging sie aus einer Eingebung heraus nochmals in den Keller um nach der Waschmaschine zu schauen, obwohl die Wäsche noch gar nicht fertig sein konnte. Unten angekommen sah sie die Bescherung: der ganze Boden war überschwemmt! Die Maschine war ausgelaufen! Zu Glück gab es in der alten Waschküche einen Abfluss im Boden, der Schlimmeres verhinderte. Sie wischte alles trocken und gleich noch ein bisschen mehr, weil sie schon einmal dabei war. Doch die Maschine war kaputt. Sie war gut fünfzehn Jahre alt. Eine Reparatur - lohnte sich das noch? – Oder gleich eine neue? Wie sie beim Wegräumen der Putzsachen noch darüber nachdachte, roch sie auf einmal Angebranntes! Die Suppe! Sie rannte nach oben: die ganze Küche war voller Qualm! Der zog bereits in den Flur und schon legte ohrenbetäubend der Rauchmelder los!

Sie dreht die glühende Herdplatte ab und riss das Fenster aus. Im Topf war nur noch schwarze Kohle. Der Rauchmelder lärmte weiter, sie schnappte sich einen langen Besen aus dem Schrank. Ein gezielter Schlag, dann war Ruhe. Und der Rauchmelder kaputt. So ein Mist, dachte sie! Heute war der Wurm drin. Ratzeputz kläffte wieder, „Halt die Schnauze, du dummer Hund!“ raunzte sie ihn genervt an.

Da geschah das Merkwürdige. Cora bemerkte, wie sich aus der Stirn von Ratzeputz ein spitzes Horn hervorschob, die Dackelbeine länger wurden und das struppige Fell sich glättete. Dann schwebte er aus der Küche. Nein, das ist nicht richtig, das war nicht mehr er, ein neues Tier erhob sich da in die Luft und es sah aus wie ein kleines - Einhorn ?! Der alte Ratzeputz stand inzwischen immer noch vor ihr, trottete dann mit hängender Rute in Richtung seines Sofas. Cora wischte sich die Augen. Was hatte sie da eben gesehen?? Sie musste schon sehr überreizt sein von dem ganzen Geschehen heute morgen, dachte sie.

Ihr Sohn rief an und fragte, ob sie denn morgen Nachmittag Zeit für die Kinder hätte, seine Frau hätte einen Kurs gebucht und die

Freundin, bei der die Kleinen bleiben sollten, war kurzfristig verhindert. Natürlich hatte sie Zeit. Nichts lieber als das. Sie sah die Enkel sowieso zu selten, denn zwischen ihr und der Schwiegertochter stimmte die Chemie leider nicht.

Anderntags standen Henry und Sophie pünktlich um zwei Uhr auf der Matte. Ihr Sohn umarmte sie kurz und musste gleich weiter. Die Kleinen schauten sie erwartungsvoll an. Cora hatte sich überlegt mit ihnen in den Zoo zu gehen, für Sechs- und Neunährige sicher das Richtige. Sie waren eiverstanden. Also nahmen sie den Bus und schon das war ein Abenteuer. Sonst wurden sie von ihrer Helikoptermutter überall mit dem Auto hin gekarrt. Am Bahnhof vorbei fuhren sie stadtauswärts die Hauptstraße entlang, dabei überholten sie - sehr aufregend! - zwei Feuerwehrautos mit Martinshorn. Henry war begeistert.

Der Zoo lag in einem Vorort auf einer kleinen Anhöhe unter hohen Kastanienbäumen.

Es war ein alter Zoo, nicht so groß wie andere, aber immerhin. Dort herrschte lebhafter Betrieb. Gleich am Anfang grüßte ein Kleintiergehege, in dem kesse Ziegen zu füttern und streicheln waren. Dann folgte ein Vogelvoliere mit Goldfasanen, daneben eine größere für einen Uhu, den man erst suchen musste. Er hockte weiter hinten im Dämmer seiner Ecke und klappte würdevoll die Augendeckel herunter, als wollte er sagen: „So sind sie halt nun mal, diese komischen Laufvögel da draußen!“ Weiter gings zu den Seelöwen, die es Henry besonders angetan hatten. Allerdings war die Fütterung erst um vier, also noch etwas Zeit für die Affenkäfige nebenan. Wie schon gesagt war es ein alter Zoo. Geräumige Freilandgehege wie in anderen Tiergärten gab es hier nicht. Die Paviane tobten in ihrer Gitterbehausung von einem zum andern der wenigen, auf dem Betonboden aufgebauten Baumstämme. Nebenan hockten die Schimpansen in ihrem Gehege mehr oder minder still auf der Erde. Gelegentlich schnappte sich einer von ihnen etwas von dem verstreuten Obst neben den Futtertrögen und ließen es gelangweilt wieder fallen. Hernry wollte nun doch lieber zur den Seelöwen zurück, nahm sein kleines Schwesterchen an der Hand und Cora ließ sie laufen, Sie war in die Betrachtung eines älteren Schimpanse vertieft. Der saß still in einem Winkel und schien seinerseits die Menschen zu beobachten. Irgendwie kam er ihr traurig vor, eingesperrt auf ein paar Quadratmetern, ohne Aussicht je die Freiheit zu erleben. In diesem Augenblick fühlte sie sich in Gedanken ihm ganz nahe. Da wuchs dem alten Tier ein Horn aus der Stirn, ganz grau und durchscheinend, und aus seinem Körper schälte sich ein anderer heraus, zu ihrem Erstaunen ebenfalls ein Einhorn, ebenfalls fast durchsichtig und grau. Es trippelte unschlüssig zu den Gitterstäben des Käfigs, wagte einen kleinen Sprung auf einen Holzbalken um dann zurückzukehren in die Ecke und - wie erschienen – wieder in dem alten Schimpansen zu verschwinden. Genau wie bei Ratzeputz konstatierte sie verwundert! Nur dass das Ratzeputzpferdchen grünlich war und nicht so durchsichtig und es hatte irgendwie geleuchtet, das des alten Schimpansen glomm bestenfalls ein wenig. Plötzlich fielen ihr die Kinder ein. Sie schob die Gedanken beiseite und lief rasch zum Seelöwenbecken.

Durch Ratzeputz musste Cora jeden Tag Gassi gehen - natürlich nicht sie, sondern der Drahthaarteckel! Nicht weit hinter ihrer Straße begannen Weiden und Wiesen, die sich bis zu dem kleinen Fluss zogen, der der Ortschaft den Namen gab. Eigentlich sollte Ratzeputz angeleint sein, aber gelegentlich konnte sie nicht widerstehen ihrem Liebling die Freiheit zu gönnen. Dann sauste er an der Umzäunung der Schafweide entlang und hatte seine helle Freude daran, wenn die Tiere auf sein Gekläff hin das Weite suchten. Die hellen Wollknäule mit ihren schwarzen Füßen waren immer ein schöner, friedlicher Anblick, in den sie sich richtig vertieften konnte. Und es erstaunte sie nun gar nicht so sehr, dass mit einem Mal über den grasenden Schafen, die schon kleine Lämmchen bei sich hatten, Einhörner schwebten! Eine ganze Herde davon, unterschiedlich gefärbt, träge oder lebendig, die über den Schafskindern mit besonders hell leuchtende Hörnchen an der Stirn. Cora war fasziniert! Sie erlebte eben mit offenen Augen einen Traum! In Gedanken versunken ging sie weiter bis zum Uferweg am Fluss und über den Stockenten auf dem Wasser sah sie – und das war nun schon fast normal für sie - ebenfalls Einhörnchen in der Luft, diesmal mehr in Blautönen. Sie schienen alle kleine Lämpchen in den Hörnern angeknipst zu haben. Cora schüttelte ungläubig den Kopf. Ratzeputz tauchte inzwischen irgendwo in einem Gebüsch unter.

War das Überreizung, Sinnestäuschung, spielte ihr Gehirn verrückt? Sie stand doch sonst mit beiden Beinen fest auf der Erde, war alles andere als eine Esoterikerin.

Weil es inzwischen dämmrig wurde, wandte sie sich zum Gehen. Im schwächer werdenden Tageslicht registrierte sie mit einem Mal, dass von den Märchentieren dünne Leuchtspuren ausgingen und in der Luft zogen, alle in dieselbe Richtung zu einem imaginären Fixpunkt hoch über dem Horizont. „Antennen!" dachte sie. „Sie haben alle Antennen!!" Der Gedanke kam ihr gar nicht abwegig vor. „Damit empfangen sie Energie, Licht, Leben! Aber von wem?" Ihr war für einen Moment ganz seltsam zumute. Sie hatte den Eindruck, dass ihre Augen noch nie so weit geöffnet waren wie eben jetzt!

Nicht weit entfernt scheuchte Ratzeputz mit Gebell ein Kaninchen aus dem Gebüsch, das in wilden Zickzacksprüngen heraussprang und an anderer Stelle gleich wieder verschwand. Und es wunderte sie jetzt nicht mehr im Geringsten, dass über dem Kaninchen ebenfalls ein Einhörnchen mithoppelte, fliederfarben diesmal! Dabei hatte es etwas längere Ohren, als die anderen, die sie gesehen hatte: Kaninchen-Ohren! Cora musste so unbändig lachen, dass sie davon einen Hustenanfall bekam! Und gleichzeitig fühlte sie sich so frei und trotzdem geborgen, so ganz bei sich, wie schon seit Ewigkeiten nicht mehr.

# Ein Herzschlag schneller

*11.7.2023*

Ein Herzschlag schneller,
ein Gedanke weiter,
ist das so schwer?
Zwei und zwei ergeben vier,
und nichts daran zu deuteln.
Oder doch?  Ein anders Maß?
Wo kommt es her?
Gehen meine Uhren anders?

Klar ist die Luft in Schweden,
zum Festhalten kühl
und real der stahlblaue Himmel,
Ich kann nur so,
mag keine miefige Dreiraumwohnung,
keine Pauschalreisen, all inclusive,
insbesondere der Gedanken,
auch wenn‘s das Übliche ist,
Mein Trampelpfad ist keine Autobahn
und sie verläuft anderswo.
Ich werde auch meine Küken beerdigen,
wenn sie aus dem Nest gefallen sind,
achtungsvoll im Gedenken,
was daraus hätte werden können.

# Der Spieler

*10. - 14.3.2022*

Er hatte nicht einmal einen seiner Tricks anwenden müssen. Es war diesmal tatsächlich pures Glück. Als professioneller Spieler kannte er natürlich den einen oder anderen Dreh, wenn die Nacht fortgeschritten und der Alkoholpegel bereits weit über NN stand. ‚Ob er sich denn nicht schäme?' fragte einer seiner Bekannten. ‚Wieso?' hatte er zurück gefragt. ‚Wer spielt, weiß dass das Glücksrad rund ist und nicht immer die zwölf oben steht. Und diejenigen, die dann keine Grenzen kennen, würden so oder so verlieren, ob nun an ihn oder einen anderen. Warum solle er dann nicht die Gelegenheit beim Schopf packen.?' Trotzdem befanden das Andere für unmoralisch. Aber solche Einwände war er gewohnt, denn in einem Punkt spielte er mit völlig offenen Karten. Er erzählte seinen Mitspielern immer ganz frank und frei, dass er ein Spieler sei und war Summa summarum damit bisher gut gefahren. Das Tückische dabei ist: die Wahrheit glauben die Menschen am wenigsten! Und seine Lockerheit ließ ihn in manchen Situationen lieber eine Chance verpassen, als Hasard zu spielen. Das zahlte sich aus! Wie diesmal auch. Und es traf ja keine Armen. Wäre das Glück ihm nicht zu Hilfe gekommen, hätte er den Aufschneider und Angeber gegenüber am Spieltisch auch noch auf andere Art zur Strecke gebracht, das hatte er sich schon vorgenommen.

Doch so beendete er nach einem größeren Gewinn das Spiel ungerührt der Proteste des abgezockten Mitspielers, strich seinen Geld ein und ging. Er wusste immer, wann es Zeit war.

Angefangen hatte es bei ihm schon in der Schule. Er erinnerte sich gut. Sie lasen Lessings ‚Minna von Barnhelm', Dort gibt es in der Mitte des Stücks den Auftritt eines windigen Botens, Riccaut de la Marliniere, dessen Nachricht über die Rehabilitation des Majors von Tellheim, Minnas Verlobten, die Handlung weiterbringt. Nebenbei macht er Minna auch den Vorschlag für sie ein Spielchen zu wagen, das ihr mit Sicherheit Gewinn bringen würde. Als sie argwöhnte er könne falsch spielen, wehrt er sich vehement. Was er mache, sei kein Betrügen, sondern lediglich ‚corriger la fortune' – das Gück ein bisschen korrigieren! Diesen Satz fand er damals schon köstlich, besonders als die Klasse geschlossen in die Schulaufführung der Minna ging und der Schauspieler des Riccaut, ein Charmebolzen und Wirbelwind, die Szene mit besagten Satz so gekonnt zelebrierte, dass er Szenenapplaus dafür einheimste!

Manchmal zeigte er sogar eine soziale Ader beim Spielen. Es kam vor, dass beim Pokern ein Anfänger dazwischen geriet und von den anderen Mitspielern nach Strich und Faden ausgenommen wurde. Wenn er dann in dessen Katastrophenaugen schaute und sah, dass er nur weitermachte, in der verzweifelten Hoffnung, doch noch heil herauszukommen, trieb er bei einem guten Blatt die anderen erst hoch, so dass sie ausstiegen, ließ dann den neuen Spieler aufdecken ohne selbst seine Karten zu zeigen und schanzte ihm so den Gewinn zu. Danach meinte er beiläufig mit Blick auf den beglückten Mitspieler, er selbst würde ja in der Situation sein Glück nicht nochmals herausfordern. Der Neuling zog dann in der Regel schleunigst mit seinem Gewinn ab .

Einmal geriet er allerdings an den Falschen. Es war ein unscheinbares Männchen mit schütterem Haar, vielleicht Anfang vierzig und einem nichtssagenden Gesicht. Er tauchte im Hinterzimmer eines Lokals in einer Spielerrunde auf, die er selbst eben erst kennengelernt hatte. Der Tipp stammte vom Wirt vorne im Schankraum. Sie begannen zu spielen und ihm fiel gleich auf, dass der andere kein Neuling war. Er setzte geschickt, war nicht zu waghalsig und sein Gesicht, das sowieso wenig Ausdruck zeigte, wurde zu einer einzigen undurchdringlichen Maske. Doch das allein war es nicht, was ihm aufstieß. Er konnte es an keinem Indiz festmachen, aber sein Bauch sagte ihm, das er aufpassen müsse.

Der Abend verlief unspektakulär, der Neue machte einen mäßigen Gewinn und er dachte schon er habe sich getäuscht. Ehe die Runde auseinander ging, meinte das Männlein, es wäre ja ein recht amüsanter Abend gewesen, ob sie sich vielleicht morgen nochmals treffen sollten. Aber dann könnte man ja um richtiges Geld spielen, nicht nur um Peanuts. Drei aus der Runde waren einverstanden, schienen wohl genügend im Kreuz zu haben, dass sie höhere Einsätze nicht schreckten. Bei der Ankündigung des Neuling war er neugierig geworden und sagte ebenfalls zu. Es kribbelte ihn zu erfahren, was dahinter steckte - wieder ein Spiel, aber auf einer anderen Ebene.

Am nächsten Abend warteten die drei Mitspieler und er schon etwas, bis der Kleine gegen zehn erschien. Das Spiel begann, das Maskengesicht setzte hoch und verlor. Die nächsten Runden, wieder mit hohem Einsatz gingen an ihn. Er wurde stutzig und nahm sich vor, die Finger des anderen genau zu beobachten. Im weiteren Verlauf wechselte das Spielerglück, bis der Neuling nach dem Geben zwei neue Karten verlangte und dann mit einem Pfund einstieg! Also richtig viel Geld! Bei ihm meldete sich vehement sein Bauch und er fixierte den anderen mit seinem Blick. Die anderen Teilnehmer zogen mit, die Einsätze schraubten sich in astronomische Höhen und er war auch noch dabei. Dann musste sein Gegenüber niesen. Und das war es! Er bemerkte aus dem Augenwinkel, wie die Hand des anderen für eine Sekunde beim Niesen unter dem Tisch verschwand um danach die scheinbar in Unordnung geratenen Karten neu zu sortieren. Er stand abrupt auf und forderte den anderen auf seine zweite Hand zu zeigen. Damit hatte er wohl nicht gerechnet, war einen Moment irritiert, man konnte in seinem Gesicht plötzlich ein Gefühl erkennen und überrumpelt fiel ihm eine Karte auf den Boden sein Blick folgte unwillkürlich der Karte. Er ging rasch um den Tisch herum, hob die Karte auf, eine Kreuz acht, während der Spieler immer noch seine vollen fünf Karten in der Hand hatte. „Wo kommt die Karte her?“ Er baut sich drohen vor dem anderen auf. Die restlichen Mitspieler hatten sich aufgerichtet und starrten den Schmächtigen an. Mit einer behenden Wendung zu Seite sprang der auf und hatte plötzlich eine Waffe in der Hand. „An die Wand, alle!“ schnauzte er und wedelte mit der Waffe, „Los, los!!“ Dann zog er, währen sich alle langsam und fassungslos von dem Geschehen von den Stühlen erhoben und zur Wand bewegten, ein zirka fünfzehn Zentimeter langes Rohr aus der Tasche und schraubte es seelenruhig auf seine Pistole.

„Damit hier keiner den Helden spielt“ grinste er. „Wenn ich euch damit abknalle, hört das keiner, also schön brav bleiben, auf die Knie, Gesicht zur Wand, Hände in den Nacken! Aber vorher noch die Taschen ausräumen, einer nach dem anderen, Du … du … das Geld hinter euch legen. Und du,“ er stupste mit der Waffen einen Teilnehmer am Boden an, „hebst das auf und auf den Tisch damit.“

Die Mitspieler gehorchten wie in Trance. Der Angreifer zog einen Stoffbeutel aus der Jackentasche und stopfte das Geld hinein. „Jetzt zählt ihr langsam und laut bis hundert. Und keiner rührt sich oder dreht sich um sonst … . „ Er hob kaum merkbar die Stimme.“ Anfangen!“zischte er. Die Spieler am Boden begannen zu zählen. Bei fünfzehn klappte der andere einmal vernehmlich mit der Tür. Die am Boden zögerten eine Sekunde, Dann wollte sich der erste umdrehen. „Blick zur Wand!“ bellte der Bewaffnete. Der Betroffene drehte sich hastig zurück, während der Räuber lautlos durch die angelehnte Tür verschwand. Keiner wagt sich zu rühren.

Es dauerte eine gefühlte Ewigkeit, bis sie bei hundert angekommen waren und wagten sich umdrehten, aufsprangen und in den Schankraum stürmten. Alle schauten verwundert von den Gläsern und ihren Gesprächspartner auf, als sie die aufgelöste Truppe in den Raum stürzen sahen. „Wo ist er? Wo ist der Kerl?? Ihr habt ihn doch gesehen?“ Verwundertes Kopfschütteln. „Aber er muss doch eben hier durch gekommen sein!?!“ Unverständliches Gemurmel. Es stellte sich heraus, dass keinem etwas Besonderes aufgefallen war. Da ging immer mal wieder jemand auf die Toilette und kam zurück, das war normal. Der Räuber war anscheinend leise und unauffällig durch das Lokal nach draußen gegangen und verschwunden. Sie rannten vor die Tür, doch da war niemand. Eine verlassene Vorstadtstraße, von wenigen trüben Laternen beleuchtet. Kein Mensch mehr weit und breit unterwegs um diese Zeit.

Die Spielerrunde war ratlos. Jeder hatte um die zehntausend eingebüßt. Andererseits hatten sie in einer verbotenen Glücksspiellokalität gezockt. Deshalb riet einer der Teilnehmer vehement ab zur Polizei zu gehen. Er gehörte offensichtlich zum Haus.

Da die anderen immerhin so viel Geld für solche Spiele übrig hatten, tat ihnen der Verlust nicht wirklich weh. Das hatte der Räuber einkalkuliert. So ging man auseinander ohne den Raub anzeigen zu wollen.

Eigentlich schmerzte auch Ricardo das Geld nicht und er war aus Prinzip mit seinem richtigen Namen noch nie irgendwo in Erscheinung getreten. Doch je mehr er darüber nachdachte, um so mehr ärgert er sich so vorgeführt worden zu sein. Er fühlte sich, so paradox das auch klingen mag, in seiner Spielerehre gekränkt. Gegen andere Falschspieler sich zur Wehr zu setzen hatte er drauf. Wenn einer geschickter war als er, nahm er das als Lehrgeld hin und eignete sich den neuen Trick an. Nie hatte er jemanden erleichtert, bei dem er es nicht vor sich selbst verantworten konnte. Und Gewalt stand bei ihm überhaupt nicht auf der Tagesordnung. Aber die Sache lag hier anders. Die Ratte hatte nicht nur spielen wollen, sondern von vornherein Gewaltanwendung eingeplant. Und sollte nun unbehelligt davonkommen? Es kam ihm selbst seltsam vor, aber sein Stolz erlaubte das nicht. Nach gründlicher Abwägung, was ihm passieren könnte, fand er die Konsequenzen überschaubar und ging zur Polizei.

Dort war man höchst erstaunt, dass sich ein Spieler selbst anzeigte, begriff aber rasch seinen Antrieb. Das Spiellokal hatten sie sowieso schon länger auf dem Schirm und einige Tage später flog der Laden auf und wurde geschlossen. Nur bei der Verfolgung des Räubers machten sie ihm wenig Hoffnung. Zu anonym, zu sehr in einer Grauzone, zu viele, die sich nicht trauten Farbe zu bekennen. Wahrscheinlich war der Täter sehr mobil und in ganz Deutschland oder auch im Ausland unterwegs und genau so gerissen wie seine Masche waren sicher auch seine Täuschungs- und Ablenkungsmanöver. Wegen seiner Selbstanzeige und Mithilfe beim Ausheben der Spielhölle kam er bei der Berliner Polizei mit einer Verwarnung davon. Es lag ja sonst nichts gegen ihn vor. Sehr unzufrieden kehrte Ricardo in sein Hotelzimmer zurück.

In der Folgezeit ging er wie üblich seiner Leidenschaft nach, reist viel und kam in so einigen Kaschemmen herum. Aber das Erlebnis ging ihm nicht aus dem Kopf, begleitete ihn, wann immer er die Karten in die Hand nahm. Und ein Gedanke nahm bei ihm mehr und mehr Raum ein: wie er den Täter zur Strecke bringen könnte.

Er verwickelte Mitspieler und Kellner beiläufig in Gespräche um sie über den Gesuchten auszufragen, doch mit wenig Erfolg. Einmal sah er sich in Berlin in einem türkischen Club plötzlich von drei Männern umringt, die alle gefühlt doppelt so groß und schwer waren wie er und er hatte Mühe ihnen zu erklären, dass er keineswegs von der Polizei kam und selbst Spieler sei. Er schildert ihnen den Vorfall und seine Motive. Das kam bei ihnen an, denn solche Menschen schadeten dem Geschäft. Sie fragten genauer nach dem gesuchten Typ. Daraufhin ließ er bei einem Portraitmaler ein Phantombild nach seiner Erinnerung zeichnen, und zwar gleich in mehreren Varianten, mit Hut, Brillen, verschiedenen Bärten. Er vervielfältigte das Ergebnis und verteilte es bei Betreibern oder Thekenmannschaften in den diversen Etablissements. Die Männer aus besagtem türkischen Club boten ihm überdies an, sich bei befreundeten Wirten umzuhören und ihn zu informieren, sollte irgendwo eine Spur von dem Mann auftauchen.

Seine Bemühungen waren wenig erfolgreich. Zwar hatte er selbst zur Vorsicht sein Aussehen verändert, sollte ihm der Mann wieder über den Weg laufen. Die Haare, auf die er früher stolz war, hatte er kurz schneiden lassen, dafür sprießte auf Kinn und Oberlippe ein Bart, eine Fräse, wie er selbstironisch anmerkte, und auf der Nase thronte ein ziemliches Monstrum von schwarzer Hornbrille, die ihn merklich älter machte. Von seinen Mittelsmänner erhielt er manchmal eine Nachricht, der Mann sei in Stuttgart oder München gesehen worden, aber die Informationen kamen jedes Mal zu spät. Es gab einen Hinweise aus Baden-Baden oder aus Hamburg und er fuhr dorthin. Er hörte, dass es auf dem Kiez tatsächlich einen ähnlichen Vorfall gegeben haben sollte. Der Andere trieb also immer noch sein Unwesen. Doch die Nachrichten waren schon zu alt. Er telefonierte mehrmals mit Berlin und drängte bei seinen Vertrauten besonders auf Schnelligkeit, wenn der Typ jemandem auffiel.

Nach einem Jahr hatte er kaum noch Hoffnung auf Erfolg, die Sichtungen waren seltener geworden und zuletzt ausgeblieben. Vielleicht hatte der Verbrecher genug beisammen und sich zur Ruhe gesetzt.

Da erreichte ihn beim Frühstück in einem Frankfurter Hotel ein Anruf aus Berlin. Sein Gesprächspartner war ziemlich aufgeregt, er habe gerade aus Köln von einem Cousin erfahren, dass ein Mann, auf den die Beschreibung passte, am Eigelstein im türkische Viertel aufgetaucht sei, gestern Abend dort gezockt und sich für heute zu einem weiteren Spielchen verabredete habe, bei dem dann um richtiges Geld (!)gespielt werden sollte. Ricardo war mit einem Schlag hellwach. Es ging auf halb elf. Von Frankfurt aus fährt der ICE keine eineinhalb Stunden nach Köln, tagsüber alle dreißig Minuten. Er raffte auf dem Zimmer seine Sachen zusammen, saß um zwölf Uhr im Zug und ließ sich in Köln direkt zum Polizeipräsidium bringen. Dort wollte man seine Geschichte nicht glauben. Erst ein Rückruf bei den Berliner Kollegen änderte das. Zwar rieten sie vehement ab sich in Gefahr zu bringen, aber er bestand darauf, den Lockvogel zu spielen. Als ihm die Beamten auch noch versprochen hatten, nichts Außergewöhnliches gegen das Spielerlokal auf dem Eigelstein zu unternehmen, gab er die Adresse preis.

Der Betreiber des türkischen Cafés, so die offizielle Lesart, vergewisserte sich erst in Berlin, dass Ricardo vertrauenswürdig war, und hörte dann aufmerksam zu. Auf Ricardos Zusicherung, dass die Polizei nicht gegen das Café vorgehen würde, war er einverstanden ihn als potenten Spieler und alten Bekannten in die Runde einzuschleusen. Lediglich ein Vertrauter des Wirts unter den Beteiligten wusste Bescheid, ein Hüne von Mann, wahrscheinlich der Rausschmeißer des Ladens, dachte Ricardo.

Wie üblich begann das Spiel erst nach zehn Uhr abends. Ricardo wurde eingeführt und man hatte nichts gegen einen fünften Teilnehmer. Nur der Gesuchte war nicht gekommen. Ricardo hatte Mühe seine Enttäuschung zu verbergen. Man spielte ein bisschen, aber die rechte Atmosphäre kam nicht auf. Der Vertraute des Wirts warf Ricardo einen fragenden Blick zu. ‚Aufhören oder noch warten?' Ricarde zögerte und machte unschlüssig noch ein bisschen weiter.

Kurz nach elf öffnete der Wirt die Tür und schob einen Mann in den Raum. Ricardo erkannte ihn nicht sofort. Er war etwas fülliger geworden, trug nun gleichfalls eine Brille, die das nichtssagende Gesicht aber auch nicht ausdrucksvoller machte. Die Kleidung wirkte etwas abgewetzt, vielleicht eine bewusste Tarnung. Oder hatte er in der letzten Zeit etwas weniger Erfolg gehabt, überlegte Ricardo? Der Betreffende war von dem Wirt wohl schon über den neuen Teilnehmer aufgeklärt worden. Trotzdem beäugte er ihn aus seinen tiefliegenden Augen heraus genauesten. Ricardo putzte sich die Nase und spielte den Uninteressierten.

Der Neuankömmling nahm neben dem Vertrauten des Wirts

Platz, mit dem Rücken zur Tür, ihm direkt gegenüber. Er schaute sich nochmals um, der Platz schien ihm zu behagen. Man begann mit dem Spiel. Die Einsätze waren anfangs mäßig, die Gewinne verteilte. Ricardo registrierte, dass der andere häufiger verlor, beziehungsweise passte und seine Karten nie aufdeckte. Absicht? Er war auf der Hut. Die Zeit zog sich. Die Einsätze wurden höher, aber es passierte nichts. Bei Ricardo stieg die Spannung. Er meinte bei dem Gegenüber eine gewisse Gereiztheit zu spüren, seine Gesten wurden noch sparsamer und eckiger. Ob er auf eine bestimmte Kartenkonstellation wartete, die zu seinen Tricks passte? Er blickte beiläufig zu dem Lokalmitarbeiter, dessen Blick ebenfalls Ratlosigkeit ausdrückte. Wenn nun nichts passierte, dann wäre dem Verbrecher wieder nichts nachzuweisen, er könnte unbehelligt gehen, die Polizei würde ihn, Ricardo, für einen Spinner oder Wichtigtuer halten und nicht mehr mitspielen, selbst wenn sich noch einmal eine Gelegenheit böte – was nach dem ganzen letzten Jahr unwahrscheinlich war. Mittlerweile ging es auf halb eins.

Plötzlich sprang der Mann auf. Sein Stuhl kippte hintenüber und er hielt ein Waffe in der Hand, schon mit Schalldämpfer. „Taschen ausleeren, alles Geld auf den Tisch“ zischte er. Alle starrten ihn entgeistert an. Sein Sitznachbar machte eine Bewegung, als wollte er ebenfalls aufspringen und den Bewaffneten angreifen. Der schoss ihm sofort aus kaum zwei Metern Entfernung in den Arm, so dass er mit einem undefinierbaren Laut auf den Stuhl zurück geschleudert wurde. „Geld raus“ herrschte er die versteinerten Spieler an und sie gehorchten. Er sackte es ein. „Alle an die Wand, auf die Knie, Hände im Nacken falten“ befahl er. Das Szenario war ihm bekannt, stellte Ricardo fest. „Und bis hundert zählen, laut. Beim nächsten, der sich umdreht ziele, ich besser.“ Mit dieser Stimme könnte man Ratten vergiften, dachte Ricardo. Dann ein Türklappen und im nächsten Moment das unterdrückte Geräusch einer abgefeuerten Waffe. An der Wand stöhnte einer der Männer auf. Die gleiche Masche wie damals, schoss es ihm durch den Kopf, er hatte mit der Tür nur wieder das Geräusch gemacht. „Keine Bewegung habe ich gesagt und zählen,!“ Keiner traute sich zu rühren. Die Aggressivität des Verbrechers überraschte selbst Ricardo, der ihn ja schon erlebt hatte. Ein gefährliches Tier in die Enge getrieben. Sein abgewetzter Aufzug ist wohl echt, keine Tarnung, überlegte Ricardo. Vielleicht waren sie ihm schon auf den Fersen.

Der Mann hatte lautlos den Raum verlassen. Im Flur zum Café vorne drehte er sich auf dem Absatz um zum Hinterausgang. Offensichtlich kannte er sich aus. Er bewegte sich erstaunlich schnell und leise, öffnete die Hintertür und schloss sie, den Rücken zum Hof gewandt, wieder völlig lautlos hinter sich. Darin schien er Übung zu haben. Als er sich umdrehte, Waffe und Geldbeutel noch in der Hand, schaute er in zwei Pistolenläufe. „Polizei! Waffe runter!“ Er war völlig konsterniert. Ehe er auch nur eine Bewegung machen konnte, hatte einer der Beamten sein Handgelenk gepackt, auf den Rücken gedreht, Waffe und Geldbeutel fielen aus der Hand und er ging in die Knie. Handschellen klickten. Das ganz hatte keine zehn Sekunden gedauert.

Wenig später kamen die anderen Spieler aus dem Raum gestürmt, riefen nach einem Krankenwagen, liefen nach vorne und hinten, wo die Polizei den Mann auf die Beine gestellt hatte um ihn abzutransportieren. Der Hüne, den er zuerst angeschossen hatte, sah den Gangster und war trotz seiner Verwundung nur mit Mühe davon abzuhalten ihm an den Kragen zu gehen. Jetzt zeigte das Gesicht des Gangstern zum ersten Mal ein Gefühl: Angst! Zum Glück hatte der zweite Mitspieler nur einen Schuss ins Gesäß abbekommen.

Ricardo konnte es sich nicht verkneifen ganz dicht vor den in Handschellen zu treten, seine Brille anzunehmen und ihm nur den einen Satz zu sagen. „So sieht man sich wieder!!“ In den Augen des anderen sah er ein Erkennen, Erinnern, aber auch Ratlosigkeit, wo die Bilder einzuordnen waren und die angestrengte Frage, was er bloß falsch gemacht hatte?!

## Der Spieler

*16.8.2023*

Tage im Wind
und Kugeln im Spiel,
nutzbar erscheinen die  Schachfiguren,
nicht greifbar sind
die ohne Ziel,
verschwunden von ausgebeuteten Fluren.

Ledig der Regeln ,
- was Moral-Fesseln? -
irrlichtelieren sie durch ihre Zeit,
nach eigenen Pegeln
umgeh'n sie die Nesseln
der ernsten Eigen-Verantwortlichkeit.

Das Leben ein Spiel!
Nicht-Spieler sind dumm!
Gezinkt sind die  Karten in ihren Händen.
Doch dann kommt das Ziel.
Ihr Spiel ist um.
Und sie werden ohne Trophäe enden.

# Fantasia

*4.10.18 -8.10.20*

Barbara stand auf der Gartenterrasse und stemmte die Arme in die Seiten. Sie hatte den ganzen Nachmittag über gejätet, gebuddelt und geräumt, bis alles einen anderen Platz hatte. Nun war sie fast fertig - ganz fertig würde sie sowieso nie. „Und was mache ich jetzt hier mit dem ollen Steintrog?" „Bau einen Stall drum herum und halte dir Schweine!" sagt Erwin lakonisch. Und wie Barbara noch mit dieser kuriosen Vorstellung rang - zack- stand der Stall da und drei mittelgroße Schweine drängten sich am Futtertrog.. „Mein Gooootttt!" schrie Barbara und bekam den Mund nicht zu. Und dann womöglich noch lauter „Iiiiiihhhhhh, wie die stinken!" „Dann eben nicht" meinte Erwin, schüttelte kurz den Kopf und der Stall war wieder weg,

„Was war denn das?+?" schluckte Barbara. „Was hast du gemacht?? Wie geht denn so was ??" „Das kommt manchmal und dann geht es auch wieder." Erwin bemühte sich um einen möglichst beiläufigen Ton, obwohl er sich insgeheim diebisch freute über die Verblüffung seiner Angetrauten. Ja, er konnte so etwas! Seine Gedanken und Bilder mussten nur konkret genug sein, so dass im Augenblick bei seinem Gegenüber kein anderer mehr in den Kopf passte, dann sahen und erlebten sie seine Fantasie als pure Wirklichkeit!

Entdeckt hatte er das einmal vor Jahren im Freibad. Sie lagen mit einer ganzen Gruppe von Freunden im Gras und alberten herum. Einer seiner Kumpane kramte eine Zigarette heraus und fragte ihn: „Hast du mal Feuer?" Aus Jux, weil er ja schlecht in der Badehose ein Feuerzeug stecken haben konnte, schnippte er mit den Daumen vor der Zigarette und sagte: „Hier hast du Feuer!" Und zu seiner Verwunderung zog der Freund mit dem Glimmstängel an seinem Daumen, nahm genüsslich einen tiefen Lungenzug, um dann den imaginären Rauch in die Gegend zu pusten. „Schmeckt es?" fragte Erwin ironisch. Der Freund musterte plötzlich entgeistert seine nicht angezündete Zigarette und dann ihn, und fasste es nicht; er hatte doch eben die Zigarette angezündet und es hatte sich tatsächlich wie rauchen angefühlt. Auch in der Straßenbahn war es ihm passiert. Er hatte vergessen die Fahrkarte am Automaten abzustempeln und an der nächsten Haltestelle stieg prompt der Kontrolleur zu. Das mit dem Abstempeln fiel ihm natürlich erst jetzt ein und als er seinen Fahrschein zückte um ihn vorzuweisen, dachte er intensiv ‚der Stempel ist darauf' … und alles ging gut!

Aber Erwin nutzte seine Fähigkeit nicht aus, dazu war er ein viel zu moralischer Mensch. Nur gelegentlich verschaffte er sich damit die eine oder andere Extra- Erleichterung oder auch Vergnügung.

Einmal ging ihnen am Abend das Bier aus. Sie feierten seinen Geburtstag und er hatte mit so vielen Freunden einfach nicht gerechnet. Was tun? Zum Kiosk laufen, wenn der überhaupt noch auf hatte? Oder gestehen, dass sie ihn trocken gesoffen hatten? In dieser Zwangslage stellte er sich einfach eine volle Bierflasche vor und goss daraus allen nach. Sie tranken auch tatsächlich genüsslich, wurden immer lustiger, so dass er immer noch einmal ‚nachfüllen' musste – mit der leeren Flasche! - bis sie sich schließlich zu später Stunde ziemlich angeheitert verabschiedeten. Einer der Freunde, Gerhard, stieg mit seiner Freundin sogar noch ins Auto. Unglücklicherweise stand aber nicht weit davon entfernt ein Streifenwagen, der sie beobachtete, ihnen folgte und sie an der nächsten Ecke anhielt. Die Beamten kontrollierten die Papiere, schnupperten, rochen Bier und ließen Gerhard ins Röhrchen blasen - ohne nennenswertes Ergebnis. Der Polizist wunderte sich. So wie die beiden aus der Wohnung gewankt war, musste etwas mit dem Röhrchen nicht stimmen, dachte er. Also erkundigte er sich ordnungsgemäß, ob Gerhard mit einer Blutprobe einverstanden wäre. Der willigte ein, die Blutprobe wurde entnommen, und

Gerhard, mittlerweile wieder völlig klar und nüchtern, hörte zu seiner eigenen Verwunderung, er könne gehen, die Probe habe 0,1 Promille ergeben, sei also auch in Anbetracht der mittlerweile vergangenen Zeit nicht zu beanstanden. Die 0,1 stammten von den vorher genossenen Bierchen, ehe der Gerstensaft ausgegangen war!

Bei größeren Menschenmengen versagte Erwins Fähigkeit leider zum Teil. Während eines Aufmarsches der immer mehr in Erscheinung tretenden Rechtsradikalen stellte er sich vor, wie es wäre, wenn er das Häuflein der Gegendemonstranten am Straßenrand aufpolieren würde. Wenn er die kleine, bunte Truppe aus langhaarigen Alternativen im Selbstgestrickten mit Kinderwagen, strubbeligen Minihunden und handgeschriebenen Transparenten plötzlich auf das Zehnfache der tatsächlichen Anzahl anwachsen lassen würde. Wie, wenn die kleinen Kläffer für die Kahlköpfe und Tätowierten in der Straßenmitte plötzlich zu einem Dutzend Kampfhunden avancierten, und die Kinderwagen zu eisenbewehrten Rammböcken, bereit wie ein Donnerkeil zwischen den braunen Aufmarsch zu fahren. Der Zug näherte sich und gleich zu Anfang liefen seitlich einige Glatzen, die sich die Seelen aus dem Leib brüllten, wohl um zu überdecken, dass sie recht mickrige Figuren waren und ihr ganzer martialischer Aufzug nur dazu diente sich selbst Mut anzuschreien. Die Protestler am Straßenrand begannen zu rufen, die Hunde zu kläffen und mit den Leinen an den Kinderwagen zu zerren, Erwin setzte seine Fantasie in Gang und den eben noch gröhlenden Großmäulern im Zug verschlug es plötzlich die Spucke im Mund bei einem Blick zur Seite hin. Entsetzt drängten sie sich zur Straßenmitte, doch bis dorthin reichte Erwins Fantasie leider nicht und so bekamen die Angsthasen vom Rande nun auch von den Kumpanen aus der Mitte Zunder. Bei zweien von ihnen, das sah Erwin deutlich, färbten sich die Blue Jeans im Schritt und die Beine hinab deutlich dunkler!

Als Barbara einmal für einige Tage zu ihrer Mutter gefahren war und ihm eingeschärft hatte nur ja ihre frisch eingepflanzten Knollenbegonien zu wässern, was er am Mittwoch auch noch brav befolgte, vergaß es aber prompt am Donnerstag. Und da der Freitag ein Brückentag war und in diesem Jahr im Mai schon brütend heiß, nutzte er die Freizeit für ein verlängertes Angel-Wochenende am Waldsee. Dorthin hatte Barbara partout nie mitkommen wollen.. „Langweilig und öde." waren ihre Argumente. „Was kann man nur am Angeln finden?!"

Jetzt angelte er also ausgiebig, schlief in einem winzigen Ferienhäuschen am Rand des Sees, las stundenlang seine Krimis ohne unterbrochen zu werden, und legte die Beine hoch. Abends kochte er sich auf dem Campingkocher ein Nudelsüppchen und beguckte die Sterne. So erholsam ohne die ständigen Aufgaben, die Barbara immer zu verteilten pflegte, waren die Tage schon lange nicht mehr vergangen. Als er dann aber am Montag nach Haus kam, sah er das Malheur. Die Pflanzen: total vertrocknet! Und unglücklicherweise meldete sich Barbara am Telefon, Sie wäre schon zurück und gleich da! ‚Ob er sich denn freue?' ‚Und wie!!!' log Erwin und hatte seine liebe Not, das Geschirr der letzten Woche, die Frühstücks- und Abendbrotreste wegzuräumen sowie die Socken und getragenen Unterhosen in die Waschmaschine zu stopfen. Diese Teile hatten bei ihm immer das fatale Bestreben sich gleichmäßig über Küche, Schlaf- und Wohnzimmer zu verteilen. Nur für die Knollenbegonien gab es keine Rettung. Sie hingen schlaff über den Rand der Beeteinfriedung und trockneten dem Tod entgegen. Schon hielt draußen vor der Eingangstür Barbaras Taxi.

Er kam ihr rasch entgegen, nahm das Gepäck an sich und begrüßte sie so freundlich wie es ihm angesichts der Blumenkatastrophe möglich war. Sie ging sogleich zielstrebig durch die Wohnung in den Garten. Wahrscheinlich ahnte sie, dass es mit den Pflanzen nicht zum Besten stünde, was dann ihrerseits wieder, wie Erwin unschwer voraussah, Anlass für langwierige Vorträge und Vorwürfe gewesen wäre. Diese gipfelten für gewöhnlich in dem Satz: „Auf dich kann man sich ja sowieso nicht verlassen!" Deshalb konzentrierte er sich jetzt mit aller Kraft auf das Blumenbeet und auf wunderschöne Knollenbegonien darin, Zu Barbara's sichtbarer Überraschung strotzten die Blümchen nur so vor Saft und Kraft „Das hätte ich nicht erwartet!" sagte sie wahrheitsgemäß. „Na also, du lernst ja doch!" Mehr an Freundlichkeit konnte er von ihr nicht erwarten. Sie drehte sich auf dem Absatz um und wirkte trotz der scheinbaren Blumenpracht etwas unzufrieden. Vermutlich hatte sie sich die Predigt für ihn schon zurechtgelegt und war enttäuscht, sie nicht halten zu können. Dafür gab es aber noch das Eine oder Andere in der Wohnung auszusetzen oder mit dem Lappen die Spüle trocken zu wischen. „Warum machst du das nie??", ehe sie zur Nachbarin entschwand, um sich mit ihr ausgiebig auszutauschen.

Erwin nutzte die Pause, schwang sich ins Auto, fuhr zur Gärtnerei und erstand eine Steige mit Knollenbegonien. Wie gehofft war seine Frau bei seiner Rückkehr noch immer bei der Nachbarin, so dass er in Windeseile die alten Blumen auf den Kompost werfen, die neuen einpflanzen und den Gartenschlauch zum Wässern betätigen konnte. Es blieb ihm gar keine Zeit sich über sein plötzliches, gärtnerisches Geschick zu wundern, denn da erschien Barbara höchst vergnügt von ihrer Plauderstunde bei der Nachbarin, sah den Schlauch und nickt anerkennend. „Du kannst ja, wenn du nur mal willst!" Doch selbst das klang bei ihr immer noch nach Vorwurf.

Natürlich war Erwin kein solcher Stiesel um nicht zu wissen, dass es mit seiner Ordnungsliebe nicht allzu weit her war. Aber daran hatte Barbara auch ein gehöriges Maß an Schuld. Weil sie aus nicht genau geklärtem Grunde keine Kinder haben konnte, galt ihre ganze Aufmerksamkeit der Wohnung. Im Sommer milderte das Gärtnern zwar ihre Aufräum- und Putzwut, aber im Winter galt diese Einschränkung nicht. Und weil sie sich, wie schon erwähnt, um keinen Nachwuchs kümmern musste, kümmerte sie sich um so mehr um Erwin! Alles was er nur einen Moment aus der Hand legte, räumte sie sofort wieder auf. Jeden Krümel, den er hinterließ, kehrte sie mit dem Tischbesen weg und das Einräumen seiner Wäsche in die Schränke konnte sie selbstverständlich auch viel besser als er, nahm ihm die Dinge aus der Hand und besorgte es nach ihrer ‚richtigen' Art. Ständig meinte sie ihn wie ein schwer erziehbares Kind mit Ratschlägen oder Anweisungen füttern zu müssen. Am Anfang ihrer Ehe konnte er darüber hinwegsehen, schließlich war sie eine recht attraktive Frau. Gleichzeitig gewöhnte er sich aber auch eine gehörige Portion Schlamperei an, quasi als Ausgleich für ihre Gängelung. Seine Unordentlichkeit diente ihr wiederum als Rechtfertigung für die Nörgeleien. So blieb alles einigermaßen im Lot.

Doch mit der Zeit gewann dieser Mechanismus ein Eigenleben. So wie man alles verstärkt, worauf man sich konzentriert, verstärkte sich auch ihre Kritik an ihm. Aus Trotz wuchs dafür seine Unordentlichkeit.

Diese stellte ein beliebtes Thema bei Barbaras monatlichen Kaffeekränzchen dar. Jede der Freundinnen, bei denen sie sich reihum trafen, wusste eine andere Strophe des unendlichen Liedes über die Männer zu singen. Kein Treffen, bei dem sie sich nicht lustvoll auf den einen oder anderen der Gatten eingeschossen hätten. Ihre Nachbarin gehörte ebenfalls zu dem illustren Kreis. Sie hatte zwar ein Kind, dafür aber keinen Hang zur Gärtnerei. Das besorgte der etwas trottelige Ehemann. Und ihr blieb genügend Zeit für das Kaffeetrinken mit den Freundinnen und das Durchkauen der Männerwelt.

Erwin sah die Entwicklung in seiner Ehe sehr wohl und versuchte dagegen zu steuern. Er nahm sich vor, Barbaras Stärken in Haus und Garten mehr zu loben und selbst etwas ordentlicher zu werden. Allerdings misslang ihm das öfters und die Reaktionen seiner Frau wurden um so bissiger. Deshalb erbot er sich freiwillig einen Kuchen für die Damenrunde zu backen um zu zeigen, dass er nichts gegen ihre Treffen habe. Das hatte er früher schon mal gemacht. Als er aber jetzt seine Mandarinen-Sahne-Torte auftrug, kam er just im falschen Augenblick, Die Runde war mitten in ihrem Lieblingsthema. Diesmal empörten sie sich über den Gärtnergatten der Nachbarin. Erwins Auftritt verpuffte. Die Torte wurde nur beiläufig hinunter gemümmelt, ohne dass sich die Runde vom Zerfleischen der Zielperson hätten abbringen lassen. Dem folgten ausführliche Ratschläge für die ach so bedauernswerte Leidensgenossin. Er konnte es deutlich im Nebenzimmer hören.

Wie wäre es, kam ihm in den Sinn, wenn er sich diesen Mann einmal ganz positiv vorstellen würde? Ob das bei den Damen die nämliche Illusion hervorrufen könnte? Ob man die etwas unterwürfige Art des Nachbarn eventuell als besondere Bescheidenheit und Rücksicht umdeuten könnte? Oder seine bekrittelte Umständlichkeit bei Reparaturen im Haus als besondere Sorgfalt und Genauigkeit? Sein Geiz („Der dreht doch jeden Groschen dreimal um!") könnte als Sparsamkeit und Vorsorge für die gemeinsame Zukunft gelten. Und das zeitraubende Werkeln im Garten, das Erwin wie dessen Flucht vor dem angetrautem Hausdrachen vorkam, könnte den Damen eventuell als einfühlsamer Umgang mit der Seele der Natur erscheinen.. Er konzentrierte sich.

Zu seiner Verwunderung hörte er kurz darauf, dass sich die Gespräche im Esszimmer gedreht hatte. Vier der Damen fanden den Mann der Nachbarin plötzlich doch recht sympathisch, zurückhaltend, bescheiden, ja sogar würdevoll. Erwin war begeistert. Nur die Nachbarin selbst konnte er nicht erreichten, zu tief war sie in ihren negativen Gefühlen verstrickt. Und weil die anderen mit einem Mal so aufgekratzt entgegengesetzter Meinung waren, argwöhnte die Nachbarin hinterher, er, Erwin, hätte ihnen einen Hasch-Kuchen gebacken! Barbara sagte nichts dazu, obwohl sie es hätte besser wissen müssen: Zu so einer infamen Tat wäre er wirklich nicht fähig gewesen.

Es lief mit Barbara in der Tat nicht mehr gut. Während sie sonst nur ab und zu ihre freien Nachmittage im Garten verbrachte, es sei denn, es regnete junge Hunde, war sie jetzt fast jede freie Minute dort. Erwin glaubte zu bemerken, dass sich der besagte Gartenvogel von nebenan ebenfalls auffällig oft zur gleichen Zeit dort aufhielt und bei ihr einzuschleimen schien. Woraufhin Barbara womöglich noch häufiger als sonst im Grünen entschwand und merkwürdigerweise gar nicht mehr zwischen den Beeten und Stauden auszumachen war. Dafür hörte er die Tür des Gartenhäuschen drüben quietschen und dann lange Zeit nichts mehr.

Erwin musste sich eingestehen, dass der Schuss seiner Fantasie nach hinten los gegangen war. Plötzlich fand seine Gattin etwas an dem Typen, den sie vorher noch als Weichei und Westentaschen-Tarzan verspottet hatte. ‚Selbst Schuld' sagte er sich und das war kein angenehmes Gefühl.

Er grübelt darüber, wie er seine Fähigkeiten anders einsetzen könnte, quasi mit umgekehrten Vorzeichen, um den Nachbarn wieder begehrenswert für seine eigener Frau erscheinen zu lassen? Allerdings war er damit schon neulich beim Kaffeeklatsch gescheitert. Auch jetzt funktionierte es nicht. Vielleicht müsse er statt dessen seiner Barbara den Nebenbuhler verleiden. Es widerstrebte ihm zwar, das Mickermännchen überhaupt als solchen zu betrachten. Er stellt ihn sich als Würstchen vor, das er seiner Meinung nach ja auch war und übertrieb noch in der Ausmalung seiner unterwürfigen Art, seines pflaumenweichen Geredes und seiner unattraktiven Gestalt. Allein ohne Erfolg. Entweder funktionierte seine Gabe nur bei positiven Gefühlen, oder aber sie versagte grundsätzlich bei jemandem, der sich gerade frisch verguckt hatte. Wenn das Herz redet, ist ja bekanntlich der Verstand im Aaaa … nderswo!

Seine Frau wandelte weiter auf ihren Abwegen und dabei blieb es. Die häusliche Atmosphäre kühlte bis zum Gefrierpunkt ab, Erwin, der seine Frau einmal wirklich geliebt hatte, fühlte zunehmend Leere und Trostlosigkeit und beschloss nach gründlichem Nachdenken, dem ein Ende zu bereiten. An einem freien Wochenende - die Gattin gärtnerte wieder einmal nebenan und ließ bei ihrem Nachbarn sonst etwas wachsen - konzentrierte er sich lange Zeit angestrengt auf die Bermudas, bis sie so lebhaft vor seinen Augen standen, dass er deutlich den Geruch von Sonne, Meer und Tang wahrnehmen konnte. Dann nahm er alles Wichtige - Ausweis, Papiere und Kreditkarten in die Hand und sich selbst ein Herz und entschwand auf Nimmerwiedersehen in seiner eigenen Fantasie.

# Vom Normalsein

*17.3.2022*

Vom Suchen und doch nicht finden des Glücks,
Vom erfolgreich Nicht-erfolgreich-sein,
vom Ermordet-werden hinterrücks,
vom großen Zetermordio-Schreien.

Das Leben ist ein Kalamität,
weil wir‘s von der falschen Seite betrachten.
Bei vielen ist es für alles zu spät,
weil sie ihre Zukunft längst hinter sich brachten.

Dreh ich die Münze - die Zahl verschwindet
und hinten erscheint ein Portrait, ein Wappen.
doch richtiger, dächte ich, wär‘ es, man findet
darauf nur Köpfe mit Narrenkappen!

Verrückt ist die Welt und mein Bild von ihr
warum sollte ich dann vernünftig sein?
Und darum beschließe ich jetzt und hier:
Ich stell‘ ab sofort mein Normalsein ein!

# Ein Auto denkt

*22.-23.1.2022*

So. Du bist also mein Neuer,' sagte ich mir. Dann fuhr er los. ‚Scheinst ja schon mal gefahren zu haben. Schaltest zumindest zügig. Ein bisschen früh vielleicht, willst wohl Sprit sparen. Is' aber nich'! Wenn ich keuchen muss, um auf Touren zu kommen, kostete das auch mehr Saft! Irgendwo muss die Energie ja herkommen. Die Kurven nimmst du ganz passabel. Gefällt mir.'

Vor ein paar Jahren, als ich noch neu war und nach den Probefahrten im Autosalon zum Rabattpreis verhökert worden war, krauchte mein erster Besitzer ausgesprochen langsam mit mir durch die Gegend, nur zum Firmenparkplatz und zurück, tagein-tagaus, fast nie woanders hin. Dabei war er noch gar nicht so alt. Und sonntags fuhr er Limousine, die von seiner Dame. Die war sehr vornehm, genau wie ihr Fahrzeug. Anscheinend war sie aus reichem Hause, da konnte er nicht mithalten. Für ihn und den Weg ins Büro reichte denn so was wie ich. Ein Wunder, dass ich in der Großraumgarage neben ihrer Nobelkarosse stehen durfte. So blitzfein und poliert wie die mit dem fetten Stern unter'm Pony, pardon im Grill. war ich nie, Dabei fuhren der dicke Protz auch nur mit Benzin und nicht mit 4711! Und produzierte bei weitem mehr Abgase als ich. Also! Wer war hier der Feinere??

Aber ich sollte ja sowieso nur ein Jahr benutzt werden und geschont für den Wiederverkauf. Das erfuhr ich so nebenbei durch die Dame, als sie sich mit einer anderen in der Garage unterhielt. Das tat sie öfters, bevor sie mit der Busenfreundin shoppen fuhr. Wieso ausgerechnet hier, war mir nie klar. Vielleicht die unprätentiöse Umgebung, in der sie ungeniert vom Leder ziehen konnte?

Die Freundin hatte gefragt, was denn das für eine Nuckelpinne neben ihrem Nobelschlitten wäre. ‚Für d e n reicht das,' hatte die Dame gemeint. ‚Der war doch früher auch nichts anderes gewöhnt!' ‚Der' war also ihr Prinzgemahl, eine ‚Liäson zur linken Hand,' so hätte man das früher bezeichnet. Als sie ihn damals auf dem Tennisplatz kennenlernte, dürfte sie auch nicht mehr ganz taufrisch gewesen sein. „Zu blöd, dass das Kind kam." sagte sie ein anderes Mal. In so einem Fall musste man in ihren Kreisen aber Haltung bewahren. „Heute bin ich froh über meinen Sohn. Und er" - dabei deutete sie mit ihrem Daumen auf mich „arbeitet ja ganz passabel in der Firma. Die Freunde haben ihn akzeptiert und vorzeigbar ist er auch." „Und viel jünger." hörte ich die Gesprächspartnerin leise sagen, wobei unverkennbar Neid in der Stimme mitschwang. Ihr Seitenblick sagte: ‚So was schmückt natürlich, zumal sie nie sonderlich hübsch war!'

Der Gatte war also auch so ein Rabatteinkauf wie ich, nur dass ich mich nicht wehren konnte, als ich verkauft wurde. Er hat sich selbst verkauft!

In der Garage gab es dann noch den SUV vom Söhnchen, von Mami gekauft und dem Jüngelchen irgendwo rein geschoben, nachdem er mit Ach und Krach das Abi hinter sich gebracht hatte. Davor hatte sie bei der Freundin öfters über die Nicht-Leistungen des Söhnchen gejammert. Nun gab es dafür den flotten Japaner, der inzwischen schon drei Schrammen an den Kotflügeln hatte. Tja, nicht nur in der Schule hat es geschrammt bei dem Bub! Und wie tauglich das Vehikel im Gelände war, hatte es trotz seines Aussehens nie beweisen müsse, - und würde es wohl auch nie, denn am Allradantrieb hatte Mütterchen gespart - Liebe hin - Liebe her! Das Geld war wohl ihre größte Liebe!

Dann gab es in meinem Leben einen großen Umbruch: Ich wurde weiterverkauft an einen jungen Mann und sah meiner Zukunft erst einmal mit gemischten Gefühlen entgegen.

Zumindest war ich erst einmal die vornehme Mischpoche los. Irgendwie befreiend. Musste allerdings jetzt draußen im Freien rumstehen und der Platz unter der Laterne wechselte auch ständig. Hier in der Gegend war alles immer zugestellt. Öfters parkte man hier auch nach Franzosenart ein, wenn der Platz zu eng war. Ein kleiner Schubs nach vorne, einer nach hinten, schon passte es!

Dafür war mein neuer Besitzer jung und erfreut mich zu haben. „Na, mein Autochen, wie haben wirs denn heute? Wollen wir mal wieder?“ So begrüßte er mich öfters. Und dann gings los, zwar nie langsam, aber auch nicht zu waghalsig. Zur Uni oder zu irgendwelchen Feldversuchen draußen. Oder zum Tanken, wo es gerade am günstigsten war - darauf hatte der alte nie geschaut – und ins neue Parkhaus vom Supermarkt. Öfters sind wir auch ein ganzes Stück über die Autobahn gefahren zu seiner Mutter. Den Vaters gabs wohl nicht mehr, aber die rundliche Frau, die ihn immer begrüßte und verabschiedete, war die Herzlichkeit selbst. Die Gegend, in der sie wohnte, machte ebenfalls Spaß. Besonders die letzten Kilometer Landstraße, wenn wir von der BAB ins Bergische fuhren. Manchmal kam ich bei seinem Tritt aufs Gas außer Atem, strengte mich zwar an, aber wenn man unter der Haube ein bisschen schmalbrüstig ausgelegt ist, dann geht es halt nicht flotter. Trotzdem redete er freundlich mit mir. „Hast mich mal wieder gut hierher gebracht“ oder so ähnlich!– Schon komisch, er wußte ja nicht, dass ich ihn verstehe!

Abends dann oft zur Freundin - nur war nicht immer klar, zu welcher: zu der mit der blonden Mähne, mit der er schon auf dem Rücksitz geknutscht hatte, oder der etwas kühlen Brünetten, die er manchmal von Berufskolleg abholte. Die hatte ein bisschen was von der Dame des Vorbesitzers, nur in viel jünger und viel attraktiver. Und so kühl schien sie auch nur zu tun! Kann natürlich reizvoll sein. Trotzdem hatte ich da so ein Gefühl. Wollte deswegen mal in den Eingeweiden meines Bordcomputers recherchieren, war ja gut vernetzt.

In den Supermarkt ging‘s öfters und ich stand dort ziemlich lange herum. Dann hörte ich heraus, dass er an der Kasse jobbte. Das erklärte so einiges. Mit einem goldenen Löffel im Mund war er jedenfalls nicht geboren! Dafür aber ein fröhlicher Typ und mit mir ging er recht sorgsam um, hatte wohl lange genug für mich an der Kasse sitzen müssen! Ich bekam ab und zu eine Handwäsche mit Politur, nicht nur rasch durch die Rubbeldidupp-Straße wie bei dem ersten, und meine Polster und Fußmatten wurden von ihm ebenfalls sorgsam gesaugt .

Einmal hatte er sich verschätzt! Obwohl ich schon länger Durst hatte, blieben wir mitten in der Walachei auf einer Landstraße stehen. Er war mit der Blonden an einem Badesee gewesen und hatte auf dem Rückweg eine Tankstelle angesteuert. Aber die hatte sonntags geschlossen. Ein Stück weiter musste ich husten, der Motor ging aus und wir standen da. Sie haben mich dann gemeinsam geschoben, zum Glück ging es leicht bergab. In der nächsten Ortschaft fand sich eine mitleidige Seele, die ihnen den Reservekanister samt Inhalt überließ, alles für den zwanziger, den die Blondine aus ihrer Badetasche zauberte! Ihm wars peinlich, aber sie fand‘s lustig und half ihm mit einem Witz über die Situation hinweg! Die sollte er sich festhalten, dachte ich! Glaube kaum, dass die Brünette auch so agiert hätte.

Dann waren wir im Urlaub, Camping am Gardasee. Diesmal mit der Brünetten. Unglaublich, was sie alles für den Urlaub mitnahm. Dabei war mein Kofferraum schon mit Zelt und Kochausrüstung, Luftmatratzen und Klappmöbeln ausgefüllt, alles von einem Kommilitonen geliehen. Also kam ihr Gepäck auf die Rückbank, ich war gestrichen voll bis zur Oberkante der Rücklehne. Und dann ging‘s los, mitten in den Sommerferien, Urlaubsverkehr! Stau um Karlsruhe, Stau vor Basel, Stau vor dem Gotthardtunnel, wir waren zwölf Stunden unterwegs und die Stimmung an Bord gar nicht urlaubsmäßig. Anscheinend stammte die Campingidee von ihm, denn sie nörgelte schon während der Fahrt. ‚Hätten doch besser die Flugreise gebucht,‘ Er meinte, dazu hätte sein Geld nicht gereicht. ‚So viel mehr war das auch nicht. Du verdienst doch im Markt ganz ordentlich.!‘ Aha, dachte ich, sie hat zwar die Reise nicht finanziert, dafür aber Ansprüche!

Der Verkehr in Italien verschlug selbst mir den Atem. Verkehrsregeln galten nur, solange die Carabinieri in Sichtweite waren. Und Abstand zum Vordermann: ein Luxus. Die Gassen in den Orten waren eng und jeder meinte, partout einen Platz in der Schlange gut machen zu müssen. Das Ergebnis: ständig scharf bremsen, wenn wieder einer überholte und vor uns eingrätschte, so dass der ganze Verkehr hinter mir stockte. Zum Glück hatte mein Besitzer ein gutes Reaktionsvermögen und wir kamen ohne Blessuren davon.

Das mit dem Nörgeln der Brünetten zog sich den ganzen Urlaubs durch. Wenn er zum Abendessen eine Dose auf dem Campingkocher wärmen wollte, bestand sie auf der Pizzeria. Wenn er in die nächste Stadt mit dem Bus fahren wollte - wegen parken und so, musste sie eine große Rundfahrt in die Umgebung machen, wenn er nachmittags faul in der Sonne liegen mochte, dann wollte sie unbedingt mit ihm aufs Schiff und so weiter. Dann plante er eine Fahrt nach Venedig, aber sie fand plötzlich, dort wäre es zu eng und zu laut und zu touristisch und außerdem brauchte sie genau diesen Tag zur Schönheitspflege. Schließlich neigte sich der Sonderwünsche wegen sein Budget bedenklich dem Ende entgegen und er brach den Urlaub ab. Sie moserte. Noch eine Fahrt in die Stadt, ein bisschen Verpflegung für den Heimweg, ein 2l-Flasche Chianti - im Sonderangebot versteht sich - und am nächsten Morgen Aufbruch zur Rückfahrt.

Ausgerechnet der Chianti sorgte dann für besonderen Ärger. Bei einem scharfen Ausweichmanöver, als ein Wagen unmittelbar vor ihnen aus einer Einfahrt schoss, kippte hinten im Fußraum die Flasche um und es schlug ihr den Hals ab! Das Ergebnis: ein Rotweinteich! Darin schwammen ihr Kosmetiketui, ihre Schuhe und Socken und der weiße Sommerhut! Nachdem er alleine den See trockengelegt hatte und sie dabei, statt zu helfen, nur über seinen Fahrstil und die ruinierten Klamotten maulte, verlief der Rest der Reise ziemlich wortkarg, - Ich roch noch wochenlang nach Rotweinessig!

Jahre ist das schon her. Mein junger Besitzer hatte mich dann einem Freund überlassen und im Ausland weiter studiert. Mit dem Neuen bin ich nie richtig warm geworden. Er war nachlässig, hat mir auch mal einen Kotflügel zerknautscht, denn die Reifen waren total abgefahren. Obwohl er es hingekriegt hat, dass der Andere zahlen musste, ließ er den Schaden nicht reparieren. Ich schämte mich mit meinem zerbeulten Aussehen. Und beinahe hätten meinen Kolben noch Schaden genommen, denn er schaute nie nach dem Öl. Es war eine Zeit zum Vergessen.

Aber wie das im Leben so spielt: dann passierte etwas Wunderbares! Mein junger Besitzer tauchte wieder auf und sein Kumpel reichte mich ihm zurück. Er war über meinen Zustand wenig erfreut und konterte die faulen Entschuldigungen des früheren Freundes ziemlich brüsk. Dann nahm er mich mit ins Tiefgeschoss eines eleganten Bürogebäudes. Dort standen gewienerte Karossen diverser Nobelmarken herum. wie bei meinem ersten Eigner. Ich fühlte mich gleich unwohl und zurückversetzt in die Zeit damals. Aber ich merkte schnell, es waren alles nur „Mietlinge", geleaste Geschäftswagen. Ich war wenigsten ehrlich von ihm gekauft! Ich bekam mit, wie er ebenfalls in eine der Protzkisten einstieg und eine ältere Dame im Vorbeigehen freundlich grüßte: „Hallo, Doktor Schneider!" Er antwortete ihr lässig und fröhlich wie früher, war immer noch der Alte. Aber anscheinend hatte er es zu etwas gebracht!

Tage vergingen. Er kam morgens mit dem Nobelschlitten an und fuhr abends manchmal sehr spät davon. Ich stand hinten in der Ecke und fragte mich, was ich denn noch hier sollte.

Da erschien er am Wochenende - und ich traute meinen Scheinwerfern nicht – mit der Blonden von damals am Arm und führte sie zielstrebig in meine Ecke!! Sie quietschte vor Vergnügen, als sie mich sah! Die Überraschung war ihm geglückt. „Unser Autochen!" lachte sie und fuhr mit der Hand über meinen ramponierten Kotflügel. „Aber der Mark hat es ganz schön verkommen lassen!" „Allerdings" meinte mein Dr. Schneider. „Das kriegen wir aber wieder hin! Ich könnte mir vorstellen, ihn neu lackieren zu lassen. Was hältst du von einem Ferrari-Rot?" Die Blondine war begeistert und packte seinen Arm. „Und am 30. fahren wir damit vor!" Er schaute verdutzt. „Du meinst, vor der Kirche?" „Ja!!" „Keine Kutsche, kein Oldtimer, wie wir überlegt haben?" „Nein, genau damit! Unser Autochen! Erinnerst du dich denn nicht mehr an den Abend , als … ?" „Na klar!" Er grinste breit und die Ohren bekamen von den Mundwinkeln Besuch „Auch daran, dass ich an dem bewussten Abend gedacht hatte, die kriegst du doch nie herum!" Sie lachten, er hob sie hoch und schwenkte sie einmal um die eigene Achse.

# Das Runde muss ins Eckige

*17.2.2022*

„Das Runde muss ins Eckige",
sagte mir der Fan und lacht!
Das Gestreifte wie das Scheckige,
das Helle wie die dunkle Nacht

sind nur zwei Hälften einer Nuss,
die, will man sie als Ganzes sehen,
man erst zusammenfügen muss.
Denn Halbes lässt sich nicht verstehen.

Sie stöhnen unter dieser Last,
die Philosophen, die sich biegen
das Eckige so rund zu kriegen,
so dass es in die Köpfe passt!

Wie macht man aus den Würfeln Kugeln?
Bläst man sie auf? Feilt man sie ab?
Lässt sich dieses Kunststück googeln?
Nehmen die Weisen es mit ins Grab?

Anstatt zu grübeln musst du schauen,
nicht mit Verstand und Augensinn!
Du musst dem dritten Auge trauen!
Damit ziehst du den Hauptgewinn!

# Laras Garten

*20. - 21.1.2020*

Lara hatte einen Paradiesgarten. - Nein, nicht was sie jetzt denken, so mit Blumen und Sträuchern, einem Teich vielleicht, an dessen steinernen Rändern die Vögel tranken und badeten, - so etwas nicht. Auch keinen prächtigen Obstgarten, der im Juni rot die Freunde und Nachbarn zu den Himbeersträuchern lockte! Und schon gar keinen Bauerngarten mit akkuraten, Buchs-eingefassten Beeten, wo Möhrenwedel und Zwiebelsprossen in Reih' und Glied vor sich hin paradierten. Nicht dass sie so etwas nicht schön gefunden hätte. Wer ließe sich nicht gerne verzaubern von Rosenrabatten und lila Blauregen über der Laube. (Ganz abgesehen von dem Genuss von Stachelbeeren, direkt vom Hochstämmchen oder einem Tomaten-Gurken-Zucchini-Salat, selbst gezogen und gartenfrisch auf dem Teller!) All diese Freuden hätte Lara auch gerne genossen, nur – sie hatte gar keinen Garten! Kein noch so kleines Stückchen Erde, auf dem sie ihren grünen Daumen hätte austoben können. Trotzdem besaß sie einen Paradiesgarten. - Sie werden jetzt fragen: Wie kann das sein? Gärtnern ohne Erde? Kopfsalat in der Kiste gezogen? Eine Art Aqua Plantage oder ‚gardening' in der Großstadt? - Nichts von alle dem.

Lara wohnte in einer bescheidenen zwei-Zimmer-Wohnung mit Ausblick auf den Kinderspielplatz links zwischen den Wohnblocks und dem Wohnsilo gegenüber, dessen Fassade gnädig von einem Ahornbaum verdeckt wurde, zumindest teilweise. Ihre Behausung besaß als einzige Besonderheit und erfreulicherweise nach Süden hin, einen Balkon. Vom dritten Stock aus konnte sie schräg nach rechts bis zur Lindenallee schauen, oder in die Sonne blinzeln, so dass die Augen geblendet wurden und das Grau von gegenüber verschwamm. Ach so, höre ich sie jetzt sagen! Balkonien! - Stimmt! Ein luftiger Freisitz, ihre besondere, kleine

Oase. Klar, sagen sie, mit einem Einkauf in der Gartenabteilung eines Baumarkts lässt sich so etwas leicht bewerkstelligen. Wieder muss ich ihre Vorstellungen dämpfen! Zwar gab es tatsächlich zwei Geranienkästen am Balkongeländer, eine geständerte Schale mit Steingartengewächsen – sehr praktisch, weil pflegeleicht - und ein schmales Gitter an der Hauswand, an dem eine schüchterne Clematis rankte. Für mehr reichte der Platz nicht, sonst hätte der eiserne Klappstuhl und das Tischchen mit den geschwungenen Beinen nicht mehr hingepasst.

Nein, Laras Paradies war von ganz anderer Natur.

Wenn im Sommer die Abende länger währten, wenn die nötigen Handgriffe in der Wohnung erledigt waren und alles auf seinem Platz lag, - denn Ordnung war das Fundament ihres Lebens, ohne Ordnung hätte sie sich schutzlos preisgegeben gefühlt und ihr Paradies hätte seinen Ankerplatz verloren, - also, nach der Arbeit, wenn alles geregelt und gerichtet war, zog sie sich gerne mit einer Tasse Tee auf den Balkon zurück und wartete. Worauf werden sie jetzt fragen? Sie hätte es ihnen nicht beantworten können. Sie wartete einfach so! Auf das Leben oder sein Vergehen, auf den Flügelschlag der Zeit oder das Seufzen des Abendwindes, wenn langsam die Sonne unterging. Vielleicht auch auf ein Wunder, die es ja bekanntlich immer wieder gibt und ihr genau jetzt widerfahren könnten.

Und das taten sie dann auch! Dazu reichte es aus, dass ein surrender Käfer auf der Geranie landete und sie sich vorstellte, wie riesig die Blätter einem so kleinen Wesen erscheinen müssten und welcher Anstrengungen und welchen Geschicks es bedürfte, sich durch diesen Dschungel zu kämpfen. Was er wohl dort suchte? Vielleicht ein Weibchen? Oder was sonst mochte ihn angelockt haben? Der rote Blütenzauber? Verströmte die Geranie für ihn einen unwiderstehlichen Geruch? So wie für uns eine Wolke von Rosenduft oder der selig machenden Hauch der Lindenblüten, wenn er an Sommertagen von der Allee drüben zu ihrem Balkon herüber flutete? Manchmal fragte sie sich, wieso es Schmetterlinge schaffen eine Blumenwiese in Kilometern Entfernung zu riechen? Sind die Düfte für sie wie eine hinreißende Musik, die von dort herüber weht? Toninseln voller Glückseligkeit, die durch die Lüfte segeln, nur für Schmetterlingsohren hörbar? Oder sehen die Falter dann leuchtende Pfade in der Luft und Landschaften von außergewöhnlicher Schönheit, wo Elfen mit durchscheinenden Flügeln fliegen und silberne Blüten leise läutend aneinander stoßen um fließenden Nektar zu signalisieren:!? Zuweilen stellte sie sich auch vor winzig klein zu sein, auf Augenhöhe mit Ameisen, die gewaltige Lasten vorbei schleppten, gerade so, als ob Menschen Baumstämme schulterten und kilometerweit trügen. Welche Kraft, welche Geschicklichkeit! Die kleinen Tierchen lachten dann und sagten ihr: ‚Alles halb so schlimm, wenn man‘s kann!‘

Einmal, als sie ganz still auf ihrem Eisenstuhl saß und ihren Gedanken nachhing, die Hand neben der Teetasse auf das Tischchen gelegt, schwirrte es in der Luft und ein Rotkehlchen setzte sich direkt auf ihre Hand! Sie wollte es gar nicht glauben, hielt die Luft an um das federleichte Etwas auf dem Zeigefinger nicht zu erschrecken. Selbst die Augen bewegte sie kaum unter den halb geschlossenen Lidern. Da saß es tatsächlich, schaute sich mit den typischen ruckartigen Bewegungen des Vogelköpfchens um und nahm sie offensichtlich als eine Art Baumstamm oder Zweig wahr. Für einen Moment fühlte sie sich seiner Welt zugehörig und innig vereint mit diesem kleinen Wesen. Ihr wurde ganz warm ums Herz. Nach einem kleinen Augenblick entschloss sich der gefiederte Gast weiter zu fliegen. Ein Zeitspanne war vergangen, nicht zu messen, so lange oder kurz wie das Glück dauert, wenn es uns unerwartet streift. Sie schaute ihm nach und stellte sich vor, dass sie - Nils Holgerson gleich - auf seinem Rücken sitzen und durch die warme Sommerluft segeln würde. Mit einem Mal bemerkte sie dort zahllose weiter Passagiere unter dem Himmel, die auf Libellen, Motten oder dicken Brummern ritten oder sich auch alleine aus eigener Kraft fortbewegten. Äußerst ungewöhnlich Piloten kurvten da durch die Luft, natürlich Dumbo mit den Elefantenohren und Eliot, das Schmunzelmonster, selbst ein Feldhase war dabei, dem Flügen gewachsen waren, wohl ein Engel-Hase, dachte sie. Der schlug nun in der Luft seine Haken und flog Slalom zwischen Sonnenblumen und Stockrosen.

Manchmal dachte sie, ob sie denn noch ganz bei Sinnen sei, tatenlos herum zu sitzen und Luftgespinste zu erdenken. Eine Freundin, der sie davon erzählte, lachte darüber, meinte, sie sei wohl überarbeitet, um gleich darauf wieder von ihren Einkäufen zu reden, dem Oberteil-Schnäppchen von Esprit oder dem wirklich gutaussehende Verkäufer in der Lottoannahmestelle, den Sie ein bisschen angemacht hatte und der sie zumindest nicht gleich hatte abblitzen lassen, (wie sonst üblich.)

Lara störten solche Kommentare nicht. Sie saß weiter auf ihrem Balkon, betrachtete ihre Sukkulenten in der Schale und schon sah sie ein weite Gegend mit riesigen Kakteen vor sich, zwischen denen sich Wüstenfüchse und Springmäuse tummelten. Ein Skorpion richtete seinen Stachelschwanz auf, weil die Seitenwinderschlange ihm bedrohlich nahe gekommen war. Über allem hing eine gleißende Sonne und eine Stille, so weit und erhaben wie das Firmament, das die Himmelskörper trug.

Sie brauchte ihre Pflanzen nicht wirklich um andere Welten zu erkunden, das geschah auf ihrem magischen Balkon wie von selbst. Als ob sie in eine Gemäldegalerie eintreten und vom geölten Parkett der Ausstellungsräume unversehens in die Landschaftsbilder eines van Gogh steigen würde. Da stand sie dann auf dem Hügel von Montmartre, den noch Gärten bedeckten, und sah Paris unten sich, ein dunstiges Meer aus niedrigen Dächer und dampfenden Schornsteinen. Oder sie tauchte ein in die grob heraus gehauenen Linien einer fremden, kargen Landschaft, fühlte gelb unter ihren Füßen den Kiesweg in die Ferne ziehen, diese Straße ins Nirgendwo, und ihr Mund öffnete sich zu einem stummen Schrei. Solche

Bilder erregten sie, machten Lust auf neue Abenteuer. Andere dagegen taten das genaue Gegenteil, sie verströmten Entspannung und Zufriedenheit. Zum Beispiel die Wiese am Hang, die sie für sich erdacht hatte. Der Blick ging von dort über eine sanftes Tal mit einem Bachlauf darin hin zu dem Dorf auf der gegenüberliegende Seite, dessen Dächer im Sonnenlicht flirrten. Sie lag im dünnen Sommerkleid auf einer Decke im Gras, trank eine Kinderbrause und hörte der Feldlerche beim Trillern zu. Fragmente einer Musik schwebten durch die Luft, die ihr seltsam vertraut vorkamen, obwohl sie sie nicht einzuordnen wusste. Und Goethe fiel ihr ein: „Hier bin ich Mensch, hier darf ich sein."

Diese Wiese war einer ihrer Lieblingsplätze, und das Beste daran: sie hatte sie immer bei sich! Sie konnte sich, wann immer sie wollte, zur Erholung dorthin zurückziehen. Ein Frieden-für-die-Seele-Ort, doch bei weitem nicht ihr einziger. Und das Schönste: sie ließen sich beliebig umgestalten. Sollte es eine Weinlaube mit reifen Trauben sein, die ihr fast in den Mund hingen - bitte, da waren sie! Oder eine Savannenlandschaft: Schirmakazien und hohes trockenes Gras, durch das in der Ferne gelegentlich Löwen streiften. Auch gut! Dazu – wieder erstaunlich! - der langsame Satz aus Mozart Klarinettenkonzert. - Ach ja, sagte sie sich, ‚Jenseits von Afrika', der Film, sie erinnerte sich, lachte und genoss im Geiste die herrliche Musik.

„Frau Schöller!" sagte es plötzlich. Sie war irritiert. Wer störte denn beim Baden, noch dazu wo dort drüben ein Gruppe nackter Frauen plantschte. Zugegeben sie waren eigentlich nur schemenhaft zu erkennen, aber trotzdem … .. „Frau Schöller!!" hörte sie wieder und ihr Name holte sie plötzlich zurück, sie trat aus dem Grün und Blau von Cezanne's Bild in die Gegenwart heraus. „Haben sie mal wieder geträumt?" fragte ihre Chefin amüsiert. Das war nicht das erste Mal. Zum Glück hatte sie Humor und wusste, dass sie sich auf sie verlassen konnte. „Die Briefe müssen heute noch raus!" Sie legte eine Kassette aus dem Diktaphon auf ihren

Schreibtisch. „Geht's wieder?" meinte sie und drehte sich zum Gehen. „Ja, ja!" beeilte sich Lara zu versichern und steckte die Kassette in das Abspielgerät.

Beim Aufsetzen der Kopfhörer schaute sie noch einmal zum Fenster hinaus. Am Ende des Bürogebäude konnte sie auch hier einen schmalen Streifen Grün ausmachen. Der Jasminstrauch in der Anlage war allerdings schon abgeblüht. Aber dahinter auf dem Rasen -, obwohl ihn die Hunde manchmal für ihr unappetitliches Geschäft benutzen,- und zwischen den Blättern und Ästen der alten Platanen mit den Parkbänken darunter, genau dort versteckten sich noch so viele andere Zauberorte! Sie würde sie alle der Reihe nach aufsuchen! - Dann wandte sie sich ihrem Schreibprogramm zu.

# Vom unerklärbaren Rest

*Ostermontag 18.4.20222*

Einfach nur so da zu sitzen!
Fischlein, die im Teich sich tummeln.
Zwischen Sträuchern, Blütenspitzen
brummen emsig pelzige Hummeln.

Meisen flöten ein dreifaches Lied,
weich unterlegt vom Gurren der Tauben.
Ein Trillern, das durch‘s Blattgrün zieht,
will der Stille die Schwere rauben.

Zu sein ohne Wollen und ohne Müssen!
Ein Kirschbaum macht die Arme breit,
behütet, beschirmt mit seinem Geäst,

und rundum in der Natur das Wissen
vom Leben, dem hinter der Endlichkeit,
von jenem unerklärbaren Rest!

# Der Kiesel

*31.12.2022*

Die Bushaltestelle lag recht einsam nahe der Einmündung zweier Wege an der Chaussee, auf der die Linie 812 zur nahen Kreisstadt verkehrte. Zu beiden Seiten führten schmale Zufahrtsstraßen jeweils zu einer Gruppe von Gehöften mitten in den ausgedehnten landwirtschaftlichen Flächen. Stattliche Vierkanthöfe waren es, aus unglasierten Backsteinen gemauert, mit Toreinfahrten und großen Innenhöfen. Die Erbauer hatten sich sogar die Mühe gemacht, die Steine unterhalb der Dächern zu Schmuckfriesen zu verbauen. Auch wenn es Bauern ja immer verstehen zu jammern, zeigten die Gebäude doch, dass – zumindest zur Zeit ihrer Entstehung – die Besitzer nicht unbetucht waren!

Es ging bereits auf vier, als Trude sich auf der Bank im kleinen Wartehäuschen niederließ. Dort war sie geschützte vor dem böigen Wind, der über die Felder pfiff. Die Beine waren schwer geworden, sie hatte wenigsten sieben bis acht Kilometer zurückgelegt, seit sie zu ihrem einsamen Spaziergang am Jahresende aufgebrochen war. Nun würde sie sich mit dem Bus zurückfahren lassen - irgendwann sollte der ja vorbeikommen.

Für die Jahreszeit war es an Silvester zu warm. Einige Krähen hackten nach Fressbarem auf einem Feld, das noch nicht lange umgebrochen worden war. Zwei lange, gebogene Girlanden aus Vogelleibern segelten über Trudes Kopf in Richtung Westen. ‚Seltsam' dachte sie, ‚Sie können doch nicht schon wieder aus dem Süden zurück sein? Oder wollen sie erst dorthin,- ab ins Land, wo die Zitronen blühen?'

Plötzlich erstand vor ihren Augen der Strand von Cala Millor, Mallorca. Dorthin war ihre allererste Flugreise gegangen, lange ist's her. Heiner hatte irgendwo etwas Geld aufgetrieben für ein Sonderangebot in der Nachsaison und sie hatten für kleines Geld vierzehn Tage südliches Flair genossen. Das erste und deshalb so eindrückliche Mal Urlaub in einem Hotel auf einer Ferieninsel. Man war verköstigt und umsorgt, es gab einen Swimmingpool hinter der Lobby und direkt vor der Hoteltür den felsigen Stand.

Die 812 hielt am Wartehäuschen und die vordere Tür öffnete sich. Trude hatte es gar nicht bemerkt. Weil sie nicht einstieg, schloss sich die Tür wieder und der Bus fuhr weiter. Der Fahrer schüttelte nur leicht den Kopf.

Eigentlich hieß der Ort nicht Cala Millor, sondern Cala Bona, lag direkt neben dem viel größeren und für seinen ausgedehnten Sandstrand bekannteren Ferienort. Dafür gab es hier viel mehr Ruhe und viel Platz auf den großen, flachen Felsen, an die die Wellen des Mittelmeeres klatschten. Abends gingen sie zum Tanzen in die Hotelanlage weiter unten an der Hauptstraße. Fast jeden Abend gab es dort life-music und Heiner bemühte sich rührend den Takt zu treffen. Dabei stieg er ihr ein ums andere Mal kräftig auf die Füße. Rundherum wurde nur englisch gesprochen, denn der Ort war fest in britische Hand und die Getränke auf der Karte hatten der Gäste wegen ebenfalls englische Namen. Zum Glück gab‘s auch Sangria, da wussten sie wenigstens, was sie bestellten! Wie unbeschwert und schön war das damals gewesen mit ihrem Heiner, auch wenn er ihr die Füße platt getreten hatte. Sie lachte leise in sich hinein.

Ja, der Sangria! Beim Gedanken an das Getränk sah sie sich mit Heiner wieder auf einem Ausflugsboot nach Cala Ratjada. Auf der Rückfahrt hatte der Bootsführer mitten auf dem Meer den Motor abgestellt, in einem Feuerkessel Holzkohle entfacht und auf dem Rost darüber jede Menge Sardinen gegrillt. Dazu gab‘s mit langen Strohhalmen Sangria aus einem Eimer! Es war noch sehr warm für September und der Durst entsprechend groß. Zur Abkühlung sprangen sie mit einigen anderen Gästen über Bord .

Der Scherzbold von Bootsfüherer ließ daraufhin den Motor an und fuhr ein Stück weg, aber nur um nach einer kleinen Schleife wieder zurück zu kehren! Auf den Schreck hin waren alle nur noch durstiger! Als die Fahrt vorbei war, schwankte der Boden an Land immer noch unter den Füßen, aber nicht der Wellen und des Meeres wegen! Jahre danach hatten sie noch einmal gemeinsam Urlaub auf der Insel gemacht, aber der Zauber dieses ersten Males blieb unerreicht. Sie hing eine Weile ihren Gefühlen nach.

In der Ferne konnte Trude durch die Wolkenschleier, den Sonnenuntergang ahnen.

Ein Stück weiter nach links, wo die Felder an ein Wäldchen stießen, das sich von den niedrigen Höhen im Hintergrund herabzog, kamen zwei Rehe heraus, anscheinend weil es auf dem abgeernteten Kohlfeld noch genügend zu fressen gab. An solchen Anblicken konnte sich Heiner immer festhalten und erfreuen, genau wie sie.

Drüben auf den Gegenseite fanden sich zwei junge Männer an der Haltestelle ein und warteten. Sie hatten sich in Schale geworfen, lachten und wirkten aufgekratzt, vielleicht waren sie auf dem Weg zu einer Silvesteparty. ‚Sinnvoll den Bus zu nehmen, wenn man etwas trinken will.‘ dachte sie. ‚Wie vernünftig diese jungen Leute sind. Was ihre Nachbarin bloß immer über die Jugend zu meckern hatte!? Schließlich war sie auch mal jung gewesen!‘ Aber das vergessen die Leute.‘

Der Bus kam aus der Gegenrichtung von der Kreisstadt zurück, sammelte die Burschen ein und fuhr weiter. Der Fahrer blickte kurz zum Wartehäuschen links und wiegte wieder ein bisschen den Kopf. Sie hatte auf der Hinfahrt schon dort gesessen. Trude bemerkte es nicht.

Vierundachtzig wäre er jetzt, ihr Heiner. Aber sie sah ihn noch immer in der Mitte seines Lebens vor sich, agil bis zuletzt! Und dann ganz plötzlich: Schluss! Von einem auf den nächsten Moment. Unfassbar. Der einzige Trost für sie: Kein Siechtum, kein Verfall, er hatte bis zur letzten Sekunde seines Lebens voll bewusst und voller Kraft gelebt! Kaum zu glauben, dass inzwischen zwei Jahrzehnte vergangen waren.

Die Nacht hatte mittlerweile ihre schwarzen Tücher ausgebreitet. Nein, eigentlich waren sie nur dunkelgrau. Auch hier außerhalb der Stadt wurde es heutzutage nie mehr richtig dunkel, so dass die Sterne nur eine blasser Abglanz dessen waren, wie sie früher einmal geblinkt hatten. Auf der Straße nahm der Verkehr nun zu. Feierabend, überlegte sie? Nein, es war ja Jahresende. Wahrscheinlich ging es jetzt überall zu den Lokalen oder den Freunden um den Abend zu begehen Sie würde alleine sein, wie letztens immer. Ihre Freundin, ebenfalls schon lange verwitwet, mit der sie oft den Jahreswechsel begangen hatte, war vor drei Jahren ins Altenheim gezogen. Zwar hatte sie sie gedrängt auch dorthin zu kommen für die gemeinsame Feier, aber das wollte sie nicht. Sie kannte doch niemanden. Lieber prostete sie alleine den Fotos von Heiner und den Kindern zu und dachte an sie im fernen Australien. Dass die Liebe ihres Sohnes ausgerechnet dort wohnte, war zwar bedauerlich, aber wenigsten schienen die beiden glücklich.

Wieder hielt ein Bus, doch sie machte keine Anstalten einzusteigen. Wieder fuhr das Gefährt unverrichteter Dinge weiter. Der Wind hatte sich gelegt, aber nun wurde es deutlich kühler. Sie zog ihren Poncho fester um sich und schaute zum Himmel, an dem durch die Wolkenschleier jetzt wieder einzelne Sterne sichtbar wurden.

„Die gleichen Sterne sehen, die gleichen Wege gehen,
mit gleichem Band verbunden, verträumt die gleichen Stunden."

Wer hatte das geschrieben?

Es tat eigentlich gar nicht mehr weh, das Erinnern an ihn, nur der Wunsch diese Gemeinsamkeit einmal noch zu erleben, der war wach und drängend wie eh.

Wie lange sie so da gesessen hatte, war ihr nicht aufgefallen. Der Verkehr auf der Straße hatte sich wieder beruhigt, die Sterne verbargen sich erneut hinter der Wolkendecke und Ihre Gedanken glitten in immer entferntere Tiefen.

Damals als sie noch ein junges Mädchen war, voll schwärmerischer Träume, wollte  sie Schriftstellerin werden, Theaterstücke schreiben, verfasst aus dem Fundus ihrer sprudelnden Fantasie, die dann auf der Bühne bejubelt würden und sie gefeiert! Nicht dass sie selbst eine Rolle hätte spielen wollen, das traute sie sich nicht zu und lockte sie auch nicht. Viel mehr interessierte sie das Geflecht der Gefühle zwischen den Menschen, deren Wünsche oder Illusionen, Verirrungen und Verwirrungen, die ganze Palette der Empfindungen, die die einzelnen umtrieben. Sie hatte sogar schon einige Szenarien skizziert und erste Dialoge verfasst. „Die Himmelsleiter“ sollte das Stück heißen und handelte – natürlich – von einem jungen Mädchen, dessen Träume sich an der Wirklichkeit reiben und trotz allerlei Schwierigkeiten schließlich auf besondere und unvorhergesehene Weise erfüllten. Sie wunderte sich, dass ihr das jetzt einfiel - nach all den Jahren!  Fantasie und Erinnerung sind schon merkwürdige Fähigkeiten! Mit Heiner und dem kleinen Betrieb, den er damals gegründet hatte, war dann alles anders gekommen. Nicht schlechter, aber eben anders.

Ein Mann stand plötzlich im Wartehäuschen, sie hatte ihn gar nicht kommen sehen. Er leuchtete mit seinem Handy seitlich auf die Wand mit dem Fahrplan. „Na das dauert noch“ murmelte er. Er schaute sich um, sah die leeren Sitzschalen neben ihr, zögerte einen Moment und fragte vorsichtig „Gestatten sie?“

„Bitte.“ antwortete sie automatisch und war in Gedanken erst noch weit weg, ehe sie ihn nun genauer betrachtete.

Der Mann war nicht mehr jung, aber recht stattlich. Er rückte ein paarmal auf den kalten Metallschale hin und her, wie ein Hund, der sich niederlegen will. Hunde trampeln in der Steppe, wo sie eigentlich herkommen, das Gras nieder, hatte sie einmal gelesen. Die Bewegungen des Fremden erinnerten daran und holten sie ganz ins Hier und Jetzt zurück. Irgend etwas ging von ihm aus, obwohl er gar nichts tat, ein besonderes Flair und es war ihr nicht unangenehm. Der Mann schaute nach einer Weile zur Seite und fragte: „Warten sie schon lange?“ „Schon“, meinte sie ausweichend. „Der Takt ist ziemlich auseinander gezogen.“ „Und an solchen Tagen besonders. Wenn man da kein Auto hat …“ Sie schwieg. Das Auto hatte sie schon lange abgegeben. So üppig war die Rente nicht, selbst wenn man die Witwenrente von Heiner dazu addierte. „Früher habe ich in der Stadt gelebt“ meinte der Fremde.

Er hatte eine angenehme Stimme und erinnerte sie an jemanden, sie kam im Moment nur nicht darauf an wen. „Heute fühle ich mich in Städten nicht mehr wohl. Und so oft gehe ich auch nicht mehr aus oder in ein Konzert.“ Dieses Stichwort ließ sie aufhorchen. „Sie lieben Musik?“ Er nickte entschieden ohne sie anzusehen. „Sehr!“ „Ich auch“ sagte Trude. Es war ihr so herausgerutscht, obwohl sie gar nicht die Absicht hatte ein Gespräch anzufangen. „Sie verbindet!“ sagt der Nachbar. So war es tatsächlich. Die bloße Erwähnung einer gemeinsamen Vorliebe schuf augenblicklich eine gewisse Nähe zwischen ihnen.

Trude fröstelte ein wenig. Der Fremde registrierte es und zog ohne zu fragen eine Decke hervor - ihr war gar nicht aufgefallen, dass er eine Tasche dabei hatte. „Stehen sie mal auf“ sagte er und sie folgte wie selbstverständlich seiner Anweisung. Er breitete die Decke halb über ihre beiden Sitze und sagte „So,“ Damit ließ er sich darauf nieder, sie folgte seinem Beispiel. Dann schlug er das lose Ende über ihre und seine Knie. Die ungewohnte, wortlose Vertrautheit mit diesem Unbekannten verwirrte sie. Auch mit Heiner hatte sie stumm nebeneinander sitzen können und jeder fühlte auch ohne Worte, was der andere dachte.

„Bali wäre nun schön!“ sagte der Mann. Sie wunderte sich, wie kam er jetzt auf Bali? Das war einer der Sehnsuchtsorte von Heiner und ihr, nur dass dafür nie das Geld gereicht hatte. „Und dann mit einem Auslegerboot einfach der Sonne entgegen segeln, vielleicht irgendwo in der Weite der Südsee an einem Palmenstrand anlegen oder auch niemals zurückkehren.“ Trude musste tief durchatmen. Woher wusste er … ?? „Oder die Gipfel des Himalayas schauen, das Dach der Welt, den Mount Everest und den heiligen Kailash, wo Hindus, Buddhisten und die Anhänger der Bön Religion sich mit dem Ewigen verbunden fühlen … … “ Am Ende des Satzes senkte er die Stimme nicht und zog sie und ihre Fantasie mit sich fort. Trude fragte nichts mehr. Der Fremde schien alle ihre Gedanken und Sehnsüchte zu kennen! In der Ferne explodierten verfrühte Silvesterböller. „Und als Krönung in Ägypten in einem Steinbruch, aus dem die Quader der Pyramiden stammen, den uralten Menschheitstraum finden, den Stein der Weisen, den, der Wunder tun und ewigen Frieden verleihen kann.“ So hatten sie damals gemeinsam fabuliert und geträumt, ihr wurde ganz schwindelig. Der Nachbar bückte sich und hob unvermittelt einen weißen, faustgroßen, fast runden Kiesel auf, den er ihr vorsichtig in die Hand legte. den Stein der Weisen! Genau so hatte sie ihn sich immer vorgestellt! Sie fühlte von dem Mineral eine wunderbar Wärme und Ruhe ausgehen, die sich wohlig in den Gedanken und in ihrem Körper ausbreitete. Frieden zog wie eine mächtige Welle von den Fingerspitzen bis zu den Zehen. Wie zur Feier dieses Ereignisse explodieren am Horizont die ersten Feuerwerksraketen über der Kreisstadt. Es war Mitternacht.

Als der Busfahrer am Neujahrstag nachmitttags die Haltestelle an der Wegkreuzung passierte, - es war der gleiche, wie gestern, weil er den Dienst mit einem Kollegen getauscht hatte - fiel ihm die zusammengekauerte Figur in der Ecke des Wartehäuschens auf. So hatte er sie gestern schon dort sitzen sehen und sie hatte keinerlei Anstalten gemacht einzusteigen. Einem plötzlichen Impuls folgend und entgegen aller Vorschriften stoppte er seinen Bus, setzte zurück und stieg aus. Er ging die wenigen Meter zurück und an seinem Gefährt vorbei, die vereinzelten Fahrgäste folgten mit irritierten Blicken seinem Weg, und er betrat das Wartehäuschen. Dort saß in ihren Poncho gewickelt, den Kopf an die rückwärtige Scheibe gelehnt, eine alte Frau, die mit weit offenen Augen in die Ferne zu schauen schien. Auf ihrem starren Gesicht leuchtete ein feines, schmales Lächeln. Mit beiden Händen umfasst wie eine seltene Kostbarkeit hielt sie einen weißen, faustgroßen, fast runden Kiesel, Der Busfahrer musterte seltsam berührt die Szene und wagt nicht die reglose Gestalt anzufassen. Er blickte sich um, aber nirgendwo im Umkreis lagen ähnliche Steine. Eine ganze Weile stand er da und es fiel ihm schwer die Augen von dem Anblick abzuwenden. Endlich zog er vorsichtig, wie um nicht zu stören, sein Handy aus der Tasche und wählte die 110.

# Ende vom Lied

*1.3.2023*

Die Luft wird dünner,
und zieht Fäden,
straff gespannt, kaugummihaft,
man könnte Töne darauf zupfen.
Es baumelt daran das bisschen Leben.
Abwärts dämmert Vergangenes
und nach oben hin -wohin auch immer -
trotzt die Erwartung dem Verfall.
Godot lässt grüßen!
Langsame Trennung in die Einzelteile.
Klamm klebt Erdiges noch an den Tretern,
der Rest will bereits fliegen.
War sonst noch was?
Ein Zipperlein, ja,
Erinnerung ans Sein, dass du noch b i s t,
Wann kommt das Ende der Fahnenstange,
das Endspiel, die Erläuterung überflüssig?
Vielleicht kugelt dann unten in der Tiefe
unter sehr viel trübem Wasser
doch ein Körnchen Gold herum?
- Nur Bares ist Wahres!
W a n n lässt w e r den Vorhang fallen?

# Handy und Co.

*15.7.2022*

Wir saßen im Auto und mit dem Einschalten der Zündung ging wie immer auch das Radio an. „Kannst du die Musik nicht noch lauter stellen?“ „Warum?“ „Damit du sie besser hören kannst!“ „Ich höre sie gut.“ „Laa-laa-laa-laa!“ Sie zog die Silben breit und es hörte sich an wie ein Zunge-Herausstrecken. „Du kannst es doch einfach sagen, wenn‘s dich stört. So hintenherum mir eine rein zu würgen finde ich doof.“ „Du weißt, dass mich das aufregt. I c h nehme immer Rücksicht auf dich.“ „Das ist schon komisch. Zu Hause sitzt du auf der Küchenbank mit dem Ohr direkt am Radio hinter dir und es plärrt anhaltend und laut, ohne dass du zuhörst. Aber kaum besteigst du mein Auto, beginnt das Meckern.“ „Die Herz-Schmerz-Liebe-Triebe-Texte kann man ja nicht aushalten!“ „Aber das ewige Geschnattere und Dampfgeplaudere in deinen Sendern schon!“ „Da kommen sehr interessante Beiträge!“ „Wie zum Beispiel der Ratschlag kürzlich, bei Hitze nicht zu viel Sport im Freien zu treiben. So etwas fällt ja keinem von selbst ein, dafür muss man sich schon ein Tütchen Weisheit aus dem Radio abholen.“ „Du weißt ja immer alles besser, du braucht ja keine Ratschläge.“ „Solche bestimmt nicht, solange ich nicht hirnamputiert bin!“

Es entstand eine Pause, aber es brodelte noch in ihr. „Ich denke immer an andere und nehme Rücksicht auf sie.“ „So viel, dass deine Enkel gelangweilt die Ohren auf Durchzug stellen, wenn du ihnen mal wieder mit deinen Ezzes kommst.“ „Jaja, für dich ist Rücksicht ja ein Fremdwort, und dass man sich um seine Mitmenschen kümmert.“ „Indem man krampfhaft überlegt, was irgend jemand eventuell noch wollen könnte oder seiner Ansicht nach unbedingt wollen sollte, denn der hat ja leider keine Ahnung, was sein eigentliches Glück wäre?“ „Manchen muss man eben auf die

Sprünge helfen." „ Aber manche wollen gar nicht springen, schon gar nicht auf deine Anweisungen hin! Die wollen tun, worauf sie Lust haben." „Wie zum Beispiel Schnulzen im Radio hören wie du mit diesen schrecklichen Texten!?" „Zum Beispiel, ja, sollte ich Lust darauf haben! Und du Arme musst dich dann leider unbedingt daran hochziehen, das Leben ist schon anstrengend!!"

Doch mit Ironie kam sie schlecht zurecht, die überhörte sie geflissentlich. Allerdings hatte sie es geschafft, dass das Thema jetzt bei mir im Kopf kreiselte. „Es wäre schön, wenn du bei anderen Themen auch so angestrengt zuhören würdest, Sachen, die mir eventuell wichtig sind, doch da falle ich bei dir leider hinten runter." Schweigen. Es arbeitete in ihr. „Wie deine Gesellschaftsutopien? Oder wenn du von irgendwelchen Zukunftsenergien oder Siedlungen auf dem Mars redest? Das ist reine Zeitverschwendung!" „Alles, was in der Gesellschaft passiert, ist einmal gedacht worden. Vor der handfesten Realisation kommt ein Plan. Und mit Gedanken lassen sich schon heute organische Strukturen verändern, nachweisbar im Labor." „Wen interessiert das?" „Viele! Und dich auch, spätestens, wenn es dein Leben verändert! So wie sich vor ein paar Jahrzehnten niemand das Internet vorstellen konnte. Und was würdet du heute ‚ohne' machen? Oder noch früher das Radio!" Fast glaubte ich, das Argument würde sie überzeugen. „Übrigens kommen auf meinem Sender viele Oldies und Evergreens, ausgesprochen entspannend beim Autofahren!" „Mich stört's", beharrte sie. „Dass ich entspannt bin?" Sie tippte schon wieder intensiv auf ihrem Smartphone herum, ihrer Lieblingsbeschäftigung. Das begann oft schon am Morgen nach dem Aufwachen, mit Fortsetzung beim Frühstück oder abends vor dem TV.

Manchmal hatten wir uns gemeinsam lustig gemacht über Jugendliche, die nebeneinander hockten und anstatt miteinander zu reden, nur auf's Smartphon starrten. So viele laufen heutzutage mit dem Facebook- oder Twitter-Blick nach unten herum und übersehen das Nächstliegende, zum Beispiel den Omnibus, der auf der Kreuzung auf sie zukommt. Es gibt schon Vorschläge, im Boden Warnhinweise vor den Fußgängerampeln zu installieren für diese Abwärts-Gucker.

Was würde wohl geschehen, wenn es dieses Dings plötzlich nicht mehr gäbe? Große Leere in den Köpfen, Einsamkeit, Verzweiflung? Oder würde dann das zarte Pflänzchen Denken wieder eine Chance bekommen?

Allerdings fällt mir dabei ein: in diesem Fall stünde ich noch mehr im Fokus ihrer Aufmerksamkeit. Fatal! Ihr fielen nicht nur Schnulzentexte im Radio auf, sondern auch so Vieles, was prinzipiell an mir (und der Schwester, den Freundinnen, den Töchtern, den Enkeln oder ganz besonders den Schwiegersöhnen!) auszusetzen wäre. Ich sollte daher dankbar sein für die neuen Kommunikationstechniken, denn sie absorbieren ihre Aufmerksamkeit anderweitig! Tja, diese Technik, die mich so oft nervt, wenn sie nicht tut, was sie soll, und mich dann zu ihrem Diener degradiert! Aber alles hat eben seine zwei Seiten: Und s o bleibt s i e abgelenkt! Das ist gut! Denn bei allem, was an mir sicherlich fehlerhaft ist – wer möchte schon gerne andauernd mit der Nase darauf gestoßen werden??

# Kurzbiographie

*23.3.23*

Geboren,
gewachsen,
gewirkt
und geliebt,

gelitten,
gelacht,
geendet.
- - Gelebt.

Was bleibt?
Eine Spur im Äther-Feld,
lebendiges Zeugnis meiner Welt,
ein Kind, das meinen Samen trägt,
die Pflicht getan,
bis  mir die Stunde schlägt,
und einem Nächsten vielleicht
den Weg geebnet, - Das reicht.

Geträumt den Traum
der Nimmermüden,
von irgendwo her mir zu beschieden.
Mein spezifischer Duft.
- Wer wird ihn noch riechen,
wenn hier mein Tag
dem Vergessen  gewichen?

# Filigrane Gebilde aus Eisen

*(Tag d. offenen Gartenpforte in Kempen) Mai 2022*

Filigrane Gebilde aus Eisen säumten einen ziemlich unordentlichen Zaun, dahinter über eine große Rasenfläche verstreut: Maschinen-Schrott, der wundersam zu neuem Leben erwacht war. Wesen mit Leibern aus riesigen, eisernen Muttern, die Irokesenfrisur eines halben Zahnrades auf dem Kopf, Gebilde mit Armen und Beinen aus Isolatoren von Hochspannungsleitungen, andere, denen eine ausrangierte Kubelwelle als Rückgrat diente, oder mit einer längliche Wanne als Leib, früher mochte sie vielleicht Öl eines großen Motors aufgefangen haben. Es erschien wie ein Parlament von Wesen einer Science-Fiction-Welt, Geschöpfe von einem anderen Sterns, die hier gestrandet waren und auf ihren Einsatz warteten, auf dem Sprung die Macht in der Vorstadtidylle der Einfamilienhaus-Siedlungen zu übernehmen. Weiter hinten auf dem ausgedehnten Grundstück kletterten Rosen an einer hohen Bandsägemaschine hinauf und bewimpelten sie oben in anmutigen Triumph über die Technik.

Nochmals verglichen wir die Adresse, stellten fest: hier waren wir richtig zum Tag der offenen Gartenpforte. Wir drückten die Klinke eines eisernen Törchens herunter und traten ein. Ein undefinierbares Wollknäuel auf vier Beinen nahm die Gelegenheit wahr um auf uns los zu spurten und schwanzwedelnd zu umrunden, „Der ist noch jung" sagte beiläufig die rundliche Dame, die auf dem Hof gerade mit einem anderen Besucher plauderte. Zur Linken ein in die Jahre gekommenes, zweigeschossiges und graues Wohnhaus, davor einige mit Blumen bepflanzte Kübel und Zuber, geradeaus zwei Gewerbehallen und auch dort überall undefinierbare Gefäße mit jeder Menge von Pflanzen, Büschen, Stauden. Meiner in Gartensachen bewanderten Begleiterin fuhr sofort durch den Kopf: die müssen auch alle gegossen werden! Rechts von der Hoffläche wölbte sich das Blätterdach eines niedrigen Baumes über weitere Topfgewächse und einen schattigen Sitzplatz mit zwei urigen Holzbänken sowie einem ebensolchen Tisch. Hier würden sie abends gerne sitzen, besonderes wenn es im Sommer heiß wäre, sagte die Besitzerin. Sie mochte Mitte sechzig sein, steckte in ihrer Arbeitskluft und wirkte ein bisschen chaotisch, so wie das ganze Anwesen. Das alles stellte ein Mittelding zwischen Schrottplatz, Kunstsammlung und kaum gezähmter Wildnis dar.

Die Hausfrau erzählte ununterbrochen von der Einöde mit leerer Werkstatt, die sie vor zwanzig Jahren übernommen hätten, von der Umgestaltung der Anlage, die seitdem jede freie Minute beansprucht hätte, beschrieb diese und jene besondere Pflanze mit genauem Standplatz in der Ecke links hinten oder vorne rechts oder sonst wo, damals neu gepflanzt und noch ganz klein, jetzt allerdings nicht mehr - der Baum nebenan über dem Sitzplatz legte Zeugnis davon ab! Sie betonte, dass hier nichts weggeworfen würde, alles eine zweite Chance erhalte, ein neues Leben, ob Pflanzen, Maschinen oder Einrichtungsgegenstände, ich vermute auch die Menschen! Wir machten uns auf zu auf einem Rundgang und konnten uns dabei ausgiebig von der Kreativität der Inhaber überzeugen!!

Inzwischen hatte es angefangen zu nieseln. Das trübe Wetter verfremdete die sonderbare Umgebung noch mehr, legte einen Schleier zwischen uns und die umgebende (Irr-)Realität. Ob in alten Waschbecken oder Badewannen, Zinkbottichen oder Keramikkübeln, überall wuchs und sprießte es. Beete, in denen angepflanzte Blumen mit wucherndem Gras um die Vorherrschaft zankten, wechselten mit Rasenflächen ab, worauf Sitzmöbeln verstreut und offenbar schon länger nicht mehr benutzt worden waren. Dann verstellte ein beachtlicher Bambushain den Weg, daneben weitere Sitzgelegenheiten. Seitlich gelangten wir unter hängenden Ästen hindurch in den äußersten Winkel des Grundstücks. Ein Fichtenwäldchen endete dort an einem Drahtzaun, der wie selbst geklöppelt aussah. Am Rande des Hains überraschte eine einsame, gelbe Telefonzelle. Längst hatte die Feuchtigkeit des Niederrheins mit Grünspan von ihr Besitz ergriffen, und ich wäre nicht verwundert gewesen, wenn sich die Tür geöffnet und plötzlich Humphrey Bogart in Regenmantel und Schlapphut herausgeschaut hätte!

Das ganze Gelände machten den Eindruck eines ‚lost place', eines verlorenen Platzes, an dem die Zeit ihr Recht verloren hatte. Die Büsche und Bäume strahlten den Charme alter Friedhöfe aus, nur dass statt schräger Grabsteine hier Eisengerippe den Rasen bevölkerten, so wie eben frisch von den Toten auferstanden. Selbst der kleine Gemüsegarten, den wir beim Weitergehen entdeckten, war äußerst gestaltungsfreudig umfriedet. Stöcke unterschiedlicher Größe und Herkunft waren mit Draht zu einem Zaun zusammengebunden und hinderten weder Gras noch Kräuter daran, draußen wie drinnen gleichermaßen zu sprießen! Eher schien die Anlage dekorativen Zwecken als der Gemüsezucht zu dienen, war wie ein Ausrufezeichen; „Wir können auch in ‚nützlich'!"

Nach dem Rundgang, zurück bei den Hallen, erwartete uns drinnen etwas ganz Besonderes. Als die Eingangstür sich öffnete, umfing uns sofort eine fremdartige und doch seltsam vertraute Atmosphäre, man fühlte sich unmittelbar zurück versetzt ins neunzehnte Jahrhundert1 Mitten im Raum zog ein gewaltiges, eisernes Schwungrad den Blick auf sich. Seine Achse ruhte auf massiven Betonsockeln rechts und links und man erwartete augenblicklich, dass es sich in Bewegung setzten würde. Erst auf den zweiten Blick bemerkte ich die dazugehörigen Stößel und die Kolbenkammer einer uralten Dampfmaschine. Seitlich gingen Transmissionsriemen hoch zu einer Welle an der Decke, von wo aus diverse Maschinen an den Wänden per Treibriemen bedient wurden. Im Hintergrund an der Wand hingen die gusseisernen Feuertüren des Kessels, der allerdings nicht mehr vorhanden war.

Das ganze Arrangement hatte der Besitzer per Tieflader aus Wien heran gekarrt und so vor der Verschrottung bewahrt! Mir fiel unsere Spielzeug-Dampfmaschine ein, die wir als Kinder mit Trockenspiritus befeuerten und damit kleine Sägen und Hämmer in Bewegung setzten. Hier stand ein solcher Apparatur lebensgroß vor uns. Alles sei voll funktionstüchtig, erläuterte die Hausfrau, jetzt allerdings von einem E-Motor angetrieben. Hin und wieder würden sie die Anlage zum bloßen Ergötzen laufen lassen!

In der Halle nebenan befand sich dagegen größtenteils – nichts! Bis auf eine bedrohlich aussehende Schweißmaschine in der Mitte. Sie stammte aus den dreißiger Jahren, ebenfalls eine ziemliches Trumm, das auch noch funktionstüchtig und benutzbar sei. Hier fabriziere der Besitzer all die Eisenobjekte auf seinem Anwesen. Im leicht dämmrigen Hintergrund des Raumes standen Gitarren und Notenständer herum, lässig an Stühle oder die Wand gelehnt. Musik mache der Hausherr auch, erzählte die rundliche Dame! Gelegentlich fänden hier Jamsessions statt, ein guter Ort dafür, denn man wäre weit genug weg und somit außer Hörweite der Nachbargehöfte!

Nach gefühlten zwei Stunden verließen wir den Hof, nicht ohne vorher noch zwei Gläser selbst hergestellten Rosengelées mit Asti spumante erstanden zu haben. Den Hausherren hatten wir die ganze Zeit über nicht zu Gesicht bekommen, aber sein Geist schien unsichtbar, doch allgegenwärtig über allen Dingen zu schweben.

Benommen von den Eindrücken und Stimmungen des Anwesens traten wir wieder hinaus auf die Straße, kehrten zurück aus der Welt eines Jules Verne, James Watt oder Thomas Alva Edinson, einer verschwundenen Zeit, die mir zu Beginn meines Lebens noch um viele Jahrzehnte näher gestanden hatte. Inzwischen war sie sanft, aber unaufhaltsam weiter in die Ferne gerückt. Als wäre ich in einen alten Anzug gestiegen, der lange im Schrank hing und der mir mit dem Anlegen jetzt überstülpte, was ich vor Zeiten einmal darin erlebt hatte. Das Vergehen der Zeit lies sich hier mit

Händen greifen. Im Rückblick erschienen auch die Bewohner des Gehöfts in ihrer versponnenen Sphäre wie Figuren aus einem historischen Roman, leibhaftige Trolle oder Rübezahle!

Die Schleppe der Eindrücken zog sich hinter uns her, als wir schon längst außer Sichtweite des Gehöfts waren.

# Verrückt

*27.7.2023*

Verrückt, aus jeder Normalspur heraus,
Bauklötzchen kugeln bunt durcheinander,
bauen ein kryptisch verbogenes Haus,
Verstecke für Lurch und Salamander,

für Wesen, die körperlos durchscheinend sind,
verkleidet zum eigenen Karneval,
für Wahrheit, die auf der Zunge zerrinnt
und haucht im Vergehen; Es war einmal...!

Die Geländer am Weg sind abmontiert,
Planquadrate zu Kreisen verformt,
die Schwerkraft hat sich selbst negiert

und sich zum Sprung von der Zinne verirrt,
das Außen innerlich eingenormt. -
Ein Sein, das sich ins Nichts verliert.

# Die Schmollecke

*11.9.2022*

Er tanzte wie ein wild gewordener Derwisch in meinem Sprechzimmer herum, schwang dabei meinen Reflexhammer über dem Kopf, den er, kaum dass er herein gestolpert war, vom Sideboard entwendet hatte und jodelte eine Art Indianergesang, während sein Mutter verschüchtert auf einen Stuhl gesunken war und nur hin und wieder hilflos „Lass das doch, Junge!“ stammelte. Ich ließ ihn gewähren und wartete, wann es ihm zu viel würde. Aber meine vermeintlich Ruhe stachelte ihn nur noch mehr an, so dass er jetzt in die Hocke ging und versuchte Kazachok zu tanzen, was allerdings misslang. Ein bisschen außer Puste stand er wieder auf.

Ich nutzte den Augenblick, ergriff meinen Reflexhammer und sagte ruhig. „Jetzt ist es genug!“ Dabei zeigte ich unmissverständlich auf den Stuhl neben seiner Mutter. Mit einer solchen Reaktion hatte er nicht gerechnet. Er setzte sich widerstandslos hin. Seine Mutter machte verwunderte Augen.

Dann sprach sie über den Grund ihres Besuches, seine häuslichen Attacken, seine prinzipiellen Opposition gegen alles und jedes, was ihm gesagt wurde, die Wutausbrüche und Aggressionen, die auch in der Schule schon für Ärger gesorgt hatten, so dass seine Leistungen mehr und mehr abfielen. Daher galt er unter den Klassenkameraden als Depp und wurde entsprechend gemobbt. Das stachelte ihn nur zu vermehrtem Fehlverhalten auf. Zu Hause war er von der Spielkonsole nicht wegzubekommen, Hausaufgaben erledigte er - wenn überhaupt – im Eiltempo, wobei es ihm nicht darauf ankam, was er schrieb, sondern nur, dass irgend etwas dastand. Mahnungen und Aufforderungen seiner Mutter ignorierte er gekonnt, der Vater war nicht präsent oder viel zu selten zu Hause und wenn, dann uninteressiert und müde.

Trotzdem machte der etwas kompakte Junge für seine elf Jahre einen ausgesprochen aufgeweckten Eindruck. Ich fragte ihn, wie er sich denn seine Zukunft vorstelle, schließlich sei er doch kein Kleinkind mehr und ginge aufs Gymnasium. Er zuckte nur mit den Schultern. Ich holte ein bisschen weiter aus, erkundigte mich nach Hobbys, Dingen, die er besonders mochte, oder wobei er sich denn richtig wohl fühlte. Seinen Augen irrten demonstrativ ab und im Zimmer umher, zeigten mir, dass ihm mein Gerede am Allerwertesten vorbei ging. Mit einem „Hallo!!" holte ich mir seine Aufmerksamkeit zurück, hob den Finger und schaut ihm gerade in die Augen. „Hier spielt die Musik!" Er war verdutzt. Den eindringlichen Tonfall kannte er nicht und wusste im Moment nichts zu erwidern. „Wenn ich etwas sage, möchte ich ganz gerne, dass mir zugehört wird, denn wenn mir keiner zuhört, was wäre dann?" Er schaut verständnislos. Ich insistiert: „Wenn du etwas zu sagen hättest und der andere guckt nur zur Seite und stellt die Ohren aus Durchzug? Was wäre dann? Sag es mir!" Dabei hielt ich unvermindert seinen Blick fest.

Er zögerte, ob er sich mit mir auf ein Gespräch einlassen sollte. „Soll ich es dir sagen?" Er konnte sich noch immer zu keiner Äußerung durchringen, aber zumindest schaute er mich an. „Dein Reden wäre völlig sinnlos und du fühltest dich dabei wahrscheinlich mies." Das kam bei ihm an. Seinem Blick entnahm ich, dass er solche Situationen kannte. „Wie würdest du das Gefühl nennen?" - Pause - „Ein Scheißgefühl! Oder?" Er wackelt etwas mit dem Kopf. „Möchtest du denn, dass sich andere bei dir mies fühlen?" Er zögerte. Auch ohne Worte zeigten seine schmal gewordenen Lippen, dass ihm das ganz recht wäre. „Könnte natürlich sein, dass du das willst. Aber das Leben ist ein Wald!" Er zog verständnislos die Augenbrauen zusammen. Ich holte Luft und ließ die Worte wirken. Er rutschte auf seinem Stuhl hin und her, ahnte etwas von einer Falle, in die ich ihn lockten könnte. „So wie man in den Wald hineinruft, so schallt es auch zurück!" Er begriff immer noch nicht. „Wenn du andere mies behandelst, wirst du von ihnen genauso mies behandelt. So einfach ist das! Du hast es also selbst in der Hand, wie du dich fühlen willst."

Die Mutter hatte die ganze Zeit mit großen Augen mich und ihren Sohn gemustert und wollte gerade zu einer Bemerkung ansetzten. „Das habe ich dir … " Ich unterbrach sie mit einer Geste, Ihr Kommentar hätte im Moment bei ihm nur die alten Reaktionsmuster wachgerufen.

„Wieviel Taschengeld hast du?" Die Frage kam unverhofft. „Zwanzig Euro." sagte er zögerlich. „Was musst du dafür tun?" „Nichts." „Ok. Aber deine Eltern haben etwas dafür getan. Richtig?" „Sind ja meine Eltern." „Und dann müssen die das tun?" „Genau," meinte er und fühlte sich im Recht. „Sie könnten dir auch nichts geben." „Andere in der Klasse kriegen viel mehr als ich." versuchte er sich zu rechtfertigen.

„Wir reden hier nicht von anderen, sondern von dir. Wer vergleicht, hat sowieso schon verloren." „Wieso?" Das kam direkt. Zum ersten Mal hatte ich ihn aus der Reserve gelockt. „Bist du Elon Musk oder der liebe Gott?" „Wieso?" wiederholte er. „Es gibt immer andere, die mehr haben, mehr bekommen, mehr können, die schöner oder besser sind oder was auch immer. Hier geht's aber um dich, so wie du bist, was du kannst, was dir zusteht und dir möglich ist. Und das ist bestimmt nicht wenig." Er schien darüber nachzudenken. „Wenn du etwas erreicht hast, ganz alleine, ohne fremde Hilfe, weil du was Besonderes bist oder kannst,- stell dir das mal vor, - wie fühlst du dich dann?" Er schwieg. „Wenn du dir eine neues Spiel kaufen willst und du brauchst keinen zu fragen oder zu bitten. du gehst einfach in den Laden oder ins Internet und kaufst es dir! Was ist das dann?-- ‚Gonnemode'! – Oder würdest du ‚Siu' sagen?!" Dass ich gängige Jungendwörter benutzte, verblüffte ihn. „Hm." „Aber" – ich machte wieder eine Kunstpause – „Vor dem Ausgeben kommt das Besitzen. Du musst erst selbst etwas haben um was ausgeben zu können. Die Waage muss im Lot sein! Der Bäcker will Geld, wenn du ein Brötchen haben möchtest.

Stimmt‘s?“ Er begann schon wieder auf seinem Stuhl herum zu rutschen. „Ich weiß, das ist dir alles zu banal. Aber so banal ist das im Leben: Man muss was geben um was zu bekommen. So sieht‘s aus! Und damit es zwischen den Menschen klappt, sind noch ganz andere Gaben wichtig, z.B. freundlich miteinander umzugehen, nicht gleich nach anderen zu hacken, sonst hacken die nämlich zurück! Vielleicht auch mal was leisten, ohne gleich was zurück zu verlangen! Freust du dich nicht, wenn du was geschenkt bekommst??“ Er zögerte, ob er das zugeben sollte. „Doch.“ „Na also! Vielleicht muss man auch mal jemandem was nachsehen, weil der gerade einen schlechten Tag hat. Das kann jedem passieren, kennst du doch auch?!“ Er wackelte mal wieder mit dem Kopf. „So ein Verhalten zahlt sich aus, - nicht nur in Geld. Und dabei kostet es dich gar nichts!! Null! Zero! Niente! Nur einen Gedanken!“ Ich ließ ihm wieder eine Denkpause.

„Ich will dir mal eine Geschichte erzählen.“ Nun schaute er tatsächlich interessiert. „Da war einmal ein kleiner Junge, viel jünger als du, so um die vier Jahre, die Zeit, die man bei Kindern als Trotzphase bezeichnet. Als er eines Tages einmal seinen Willen nicht bekam, stieß er beim Mittagessen aus Wut seinen Teller vom Tisch, so dass Kartoffeln, Gemüse, Wurst, das Besteck, die Scherben überall auf dem Küchenboden herum flogen. Natürlich war die Mutter ärgerlich und konnte das nicht durchgehen lassen. Wo sollte das sonst hinführen? Würde er, wenn er größer wäre, aus Wut vielleicht die ganz Wohnungseinrichtung zertrümmern! Aber wie bringt man das einem Vierjährigen bei? Sie versuchte zuerst ihm klar zu machen, dass sie traurig wäre und nun unnötige Arbeit hätte und dass sie einen neuen Teller und die Wurst und das Gemüse kaufen müsste und dann kein Geld mehr für Marshmallows oder einen Lolly für ihn übrig bliebe.

Aber der kleine Dickkopf war damit nicht zu erreichen, war immer noch wütend, obwohl er schon gar nicht mehr wusste warum.

In ihrer Ratlosigkeit befahl die Mutter schließlich, er solle sich in die Ecke stellen und dort solange bleiben, bis er nicht mehr bockig wäre. Widerstandslos trollte sich der Knirps in die Ecke und stand dort und stand und stand.

Die Beinchen zitterten schon langsam, der Mutter fiel es schwer, ihn so stehen zu sehen, aber sie musste nun durchhalten, hier ging es darum, wie man prinzipiell miteinander umgehen sollte. Nach einigen Minuten fragte sie vorsichtig, ob er denn wieder lieb sein wolle. Da drehte sich der kleine Mann kurz um und beschied sie: „Ich bin noch lange bös'!" Und guckte wieder in seine Ecke.

Wieder verging eine ganze Weile, längst tat es ihr leid, ihn überhaupt in die Ecke befohlen zu haben und sie suchte nach einem Ausweg, nach einer Eselsbrücke, über die sie ihrem Söhnchen aus seiner Schmollecke heraus helfen könnte.

Es war Sommer und vor dem offenen Küchenfenster floss unten zwei Stockwerke tiefer ein Bach. Das brachte sie auf eine Idee. „Willst du vielleicht dein Dickköpfchen nehmen und es einfach in den Bach werfen?" fragte sie. Und zu ihrem Erstaunen drehte sich das Kind wie auf Kommando um, lief zum Fenster, fasste mit beiden Händchen an seinen Kopf und warf symbolischen den ‚Dickkopf', in den Bach. Sofort war es wieder das liebste Kind und ließ sich dafür ausgiebig von seiner Mutter in die Arme nehmen."

Mutter und Sohn schwiegen.

„Das ist die Geschichte einer Entscheidung," begann ich wieder. „Wenn ich an einer Kreuzung stehe und nicht weiß wohin, dann kann ich mich beispielsweise für links entscheiden. Aber links, so stelle ich bald fest, da liegen nur Äste und Geröll auf dem Weg, wuchern Dornenhecken und Disteln und er ist übersät mit tiefen Schlaglöchern voller Wasser übersät. Nun könnte es vielleicht trotz der Schwierigkeiten lohnen sich den mühsamen Weg weiter zu bahnen, wenn an seinem Ende eine großes Ziel lockte! Wenn da aber nichts ist, dann liegt die Entscheidung nahe, umzukehren und zu sehen, wohin es auf der anderen Seite geht! Die Straße ist dort viel aufgeräumter, einfacher zu laufen, da gib es Wegweiser und Rastplätze, viele Leute gehen in diese Richtung, und die versprechen sich wohl etwas davon!

Du hast auch die Wahl: Willst du der einsame Wolf auf einem vertracktem Pfad sein mit Hindernissen und Verletzungsgefahr, - weil du die dumpfe Vorstellung hast gegen alles und jedes sein zu müssen, nur um Aufmerksamkeit und Beachtung auf dich zu ziehen? Doch Achtung bekommst du dadurch nicht, sondern das genaue Gegenteil: mehr Gegenwind, mehr Ablehnung. Oder du entscheidest dich klugerweise die Trasse zu nehmen, die andere schon für dich vorbereitet haben. Du brichst auf zu einem neuen Ziel, bist neugierig, was dich dort erwarten wird: eine Überraschung, eine Belohnung oder ein Geschenk? Also frag dich: Was willst du sein? Wolf oder Visionär? Revoluzzer, (fragt sich bloß wofür oder wogegen??!) oder jemand, der klug seine Chancen sieht und intelligent zugreift. Darüber es lohnt sich mal nachdenken, glaube ich."

Der Mutter schwante, dass diese Kindergeschichte nicht nur auf ihren Sprössling gemünzt war. Zuwendung und Liebe sind das Eine, aber Kinder brauchen auch Regeln, um geschützt wachsen zu können. Er sollte schon liebevoll sein, der Ruf in den Wald, - oder zur Ordnung – denn er schallt zum Rufer zurück! Aber er sollte ein verlässlicher Halt sein, der Kindern den Weg weist. Das war ihr Anteil an der Geschichte. Für ihrem Sohn war dieser Ruf in den schwierigen Phasen seiner Entwicklung wohl etwas zu leise ausgefallen.

Die Frau hielt ihre Augen gesenkt und der Junge schaute verstohlen zu seinen Mutter. Ich suchte noch eine passende Bachblüte für ihn heraus,- nicht nur, aber auch als symbolische Geste der Zuwendung. „Etwas für seelisches Bauchweh" sagte ich ihm, „speziell für dich.!" und machte das Fläschchen fertig. „Viermal vier Tropfen auf die Zunge." Damit endete die Sitzung. Bei der Verabschiedung hielt die Mutter lange meine Hand fest. Ihrem

Sohn zugewandt meinte sie: „Möchtest du dich nicht auch bedanken?" Ohne den sonst üblichen Einwand sagte er leise: „Danke!!"
Ich hatte den Eindruck, er meinte es ehrlich.

# Is‘ egal
# oder: Die Entscheidung

*30.9. 2020*

Ich habe die Wahl,
Kopf oder Zahl,
Lust oder Qual,
versuch‘s ich mal?

Hier oder dort?
- Mir ist kein Ort
ein sicherer Hort,
geh‘ ich ganz fort?

Lena, die kleine
hat schöne Beine,
nur Brust hat sie keine,
bleib‘ ich dann alleine?

Fress ich mich an,
bis ich irgendwann
als fetter Mann
gar nichts mehr kann?

Oder leb‘ ich vegan
den Gesundheitswahn,
dünn wie ein Span,
nix macht mich mehr an?

Ich muss vermeiden,
mich zu entscheiden
denn keines von beiden
kann ich recht leiden.

Das Leben ist schal,
so glatt wie ein Aal,
und jedwede Wahl
- - is‘ egal, is‘ egal!
–
1‘ 00“

# Die Rechnung

*14.-15.4.2022*

Doris war mittlerweile fast 60 und unzufrieden. Ob sie sich das allerdings selbst eingestand, war zweifelhaft. Einen Hang zur Selbstreflexion hatte sie nie verspürt, auch wenn sie ständig mit sich und ihrer Außenwirkung beschäftigt war. Damit hatte sie es weit gebracht. Sie war recht erfolgreich, zumindest in finanzieller Hinsicht, wobei es ihr nie darauf ankam, selbst etwas erarbeitet zu haben. Einzig das Haben zählte. Auch den Anschein bedürftig zu sein scheute sie nicht, wenn es zielführend, d.h. einträglich war. Recht schlank und groß sah sie für ihr Alter noch ganz gut aus, obwohl sie nie eine besondere Schönheit war. Aber sie konnte ausgesprochen charmant sein, falls es ihr zweckdienlich erschien. Allerdings auch ebenso plötzlich schroff und abweisend, wenn jemand sich als nicht so nützlich erwies, wie sie es erwartet hatte oder wenn gar jemand etwas von ihr verlangte. Dann stieß sie bedenkenlos jedem vor den Kopf.

Es lag ein merkwürdiger Zwiespalt zwischen ihren hohen Ansprüchen auf der einen und ihrer scheinbaren Bedürfnislosigkeit auf der anderen Seite. Ein Dazwischen gab es nicht. Wenn eine Situation oder ein Angebot ihren anspruchsvollen Erwartungen nicht entsprach, dann wollte sie plötzlich gar nichts mehr haben, die Askese war dann das Besondere, die Rolle, in der sie sich gefiel.

Zu einem Hochzeitstag hatte ihr damaliger Ehemann einmal eine kleine Flugreise nach London organisiert, einschließlich eines Opernbesuches. Aber wie das Schicksal so wollte, war Covent Garden wegen Renovierung gerade geschlossen und „La Bohème" fand in der alten und etwas verstaubten National Opera statt. Obwohl die Aufführung gut und die Stimmen klangvoll waren, verlor sie kein Wort darüber, beurteilte es auf ihrer Anspruchsskala als ungenügend und ließ es ihren Partner ungeniert merken. Selbstredend fand sie auch das Zimmer zu bescheiden und die geplante Feier des Hochzeitstags verlor sich dann zum Abend hin in Kopf-, oder Rücken-, oder Bauch- oder sonst welchen Schmerzen, die bei ihr pünktlich zu solchen Gelegenheiten aufzutreten pflegten.

„Est modus in rebus“ sagten die alten Römer, „es ist ein Maß in den Dingen“ oder einfacher ausgedrückt; es geht auch eine Nummer kleiner! Nicht so bei ihr. Sie liebte den Hauch des Exotischen und verbreitete die Aura der Geheimnisvollen um sich, wobei allerdings nie ganz klar wurde, worin das Geheimnis bestand. Während andere sich deswegen um exzellente Leistungen bemühten, in welcher Hinsicht auch immer, genügte ihr der bloße Anschein. Dafür nahm sie es auch mit der Wahrheit nicht so ernst. Und sie liebte das Geld! Das musste keineswegs selbst verdient sein, in dieser Hinsicht plagten sie, wie schon erwähnt, keine Ambitionen.

Als sie ihren Mann und ihre Familie wegen einer Urlaubsbekanntschaft verließ,- die Anbahnung geschah ohne Skrupel vor den Augen des Gatten,- ging das so abrupt vor sich, wie sie vor Jahren in sein Leben eingetreten war. Der Neue versprach neues Ansehen und mehr Liquidität, obwohl sie vorher auch nicht schlecht gelebt hatte. Aber das alles war mit der Zeit zu normal geworden, zu selbstverständlich. Es fehlte der Kick, die Bewunderung, das Extraordinäre. Daher drehte sie sich nach mehr als einem Ehejahrzehnt auf dem Absatz herum, ließ Pflichten Pflichten sein und sich selbst mit ihrem neuen Galan in dessen Freundeskreis feiern.

Das heißt, nicht alles ließ sie fallen! Sie verstand es sehr wohl, die noch vorhandenen Gefühle des Gemahls auszunutzen um ihre Schäfchen ins Trockene zu bringen (und zwar mehr als ihr zustand.), denn der gehörnte Ehemann hatte noch immer Hemmungen, ihr gegenüber so aufzutreten, wie es zu Wahrung seiner Interessen nötig gewesen wäre.

Die Masche mit dem Partnerwechsel, wenn opportun, hatte sie schon früher erprobt. Bei einem Neujahrsfest im Kreise von

Freunden und Gleichgesinnten, kurz nachdem sie ihren späteren Ehemann an Land gezogen hatte, (und das, bevor der alte Liebhaber wusste, dass er abserviert war) war dieser zufällig auch anwesend und bemerkte, mit welcher Liebenswürdigkeit, ja sogar Unterwürfigkeit sie ihr neue Errungenschaft behandelte. Verdutzt äußerte er einem Bekannten gegenüber: „Wenn sie mir gegenüber auch so gewesen wäre wie jetzt, ich hätte sie auf der Stelle geheiratet!" Doch ein gütiges Schicksal hatte ihn davor bewahrt!

Doris' Sucht nach Anerkennung und Bewunderung hatte sie vor Jahren dazu gedrängt einen Beruf zu erstreben, der eben diese Bedingungen erfüllen sollte. Deswegen begann sie Physik zu studieren. Das machte etwas her, erwies sich aber leider als zu schwierig und so wechselte sie zur Juristerei. Doch auch hier das gleiche Dilemma: zu viel Arbeit und Durchhaltevermögen, ehe sie vielleicht irgendwann einmal in einem Gerichtssaal als Staatsanwältin auftrumpfen oder als Starverteidigerin glänzen könnte. Es fand sich der Seiteneinstieg in einen Gesundheitsberuf, der weniger anstrengend erschien und trotzdem Ansehen versprach. Nur - der Nimbus allein brachte keinen Erfolg. Denn die erforderliche selbstlose Zuwendung zu den Patienten entsprach letztlich ganz und gar nicht ihrem Wesen. Eher sollten diese sich ihr widmen und ihrem Ansehen dienen, als umgekehrt. Daher endete der erste Versuch dieser Art auch in einem finanziellen Desaster.

Vielleicht hatte ihr Inneres früh erkannt, dass die neue Beschäftigung auch nicht zu schnellem Ruhm führte. Zu durchschaubar und messbar, zu nachvollziehbar. Daher vollzog sie einen Strategiewechsel zur Mystik, dem Nicht-Greifbaren, Überirdischen. Das schien mehr Sinn zu machen und war überdies objektiv nicht nachprüfbar. Die Führenden aller Religionen wussten das übrigens schon seit Urzeiten. Man muss die Menschen nur bei ihren Ängsten und Hoffnungen packen, ihnen Versprechungen für den unkontrollierbaren Bereich im Jenseits machen, dann kann man sie damit hervorragend lenken. Für das in Aussicht gestellte Paradies dort sind allerdings schon hier und jetzt Leistungen zu erbringen. Und davon wiederum lässt es sich prächtig leben! Bis heute funktioniert so etwas.

Nach ihrer ersten Bruchlandung und dem erfolgreichen zweiten Auswurf ihrer Netze begann sie unter den Fittichen des neuen Partners einen zweiten Versuch im Gesundheitswesen. Eine ganze Reihe von Patienten ließen sich von ihrem Theater blenden. Einige allerdings bemerkten den Betrug und wandten sie wütend ab. Freundschaften, die auf der Ehrfurcht vor ihrer vorgeblichen Sensitivität und den paranormalen Fähigkeiten beruhten, zerbrachen krachend und die Betrogenen wollten nie mehr etwas mit ihr zu tun haben.

Aber wie schon erwähnt, Selbstreflexion über ihr Tun und ihrer Motive lagen ihr fern.

Folgerichtig waren es immer nur die anderen, die sich falsch verhielten und die sie dann konsequent abhakte. Sie selbst war ja ihrer Überzeugung nach untadelig und darüber erhaben. Sollte ihr trotzdem einmal Kritik begegnen, wie es in einer Ehe natürlich vorkommt, dann beendete sie solche Gespräche, indem sie dem Gatten eine Beleidigung an den Kopf warf und im Anschluss daran rasch den Raum verließ, um ihm jede Möglichkeit einer Erwiderung zu nehmen.

Mittlerweile ging sie also auf das Rentenalter zu, Zeit Bilanz zu ziehen, sollte man meinen. Sie lebte auf einem kleinen Anwesen, weit weg von Kindern und Verwandtschaft, verzehrte, was sie dank der vorteilhaften Scheidungsvereinbarung ergattert hatte und brauchte deshalb nicht zu arbeiten. Das wäre sowieso nur lästig gewesen, denn eine wirkliche Befriedigung aus der eigenen Tätigkeit war ihr immer fremd geblieben.

Der Urlaubs-Galan von damals hatte sie übrigens im Anschluss an den Neustart mit ihm sehr schnell mit einer weiteren Frau betrogen. Worauf sie schäumend vor Wut den alten Ehemann nochmals instrumentalisierte und bei ihm einzog, der Kinder wegen, wie sie beteuerte. Doch nur um alsbald irgendwo im Süden am Mittelmeer erneut auf Pirsch zu gehen. Allerdings hatte sie keinerlei Probleme damit, den geschassten Liebhaber weiter auszunutzen, wenn es ging, oder den alten Ehemann mit Forderungen zu überziehen.

Doch der Adressat reagierte inzwischen nicht mehr wie kalkuliert und so streute sie nur üble Gerüchte hinter seinem Rücken. (Sie verfehlten ihren Zweck, denn loyale Bekannte informierten den Betroffenen.) Lügen, die sie anhaltend zu wiederholen pflegte, um sie glaubhafter zu machen, verfingen auch nicht mehr. Selbst den Warnschuss, den ihr die Natur in Form eines Tumors versetzt hatte, überwand sie ohne Reflexion über den tieferen Sinn einer Erkrankung. An ihrem Verhalten änderte all das nichts.

Oft lernen wir unsere Lektionen ja nur durch Leiden: wenn's im Guten nicht geht, dann eben mit schmerzlichem Nachdruck! Doch dafür hatte sie kein Gefühl. Das war so tot, wie ihr Mitgefühl für andere. Wie tief wäre wohl in einer solchen Biografie zu gründeln, um die wahren Beweggründe oder die ursächlichen Verletzungen ihres Charakters zu finden?

Trotzdem: Wir bleiben für unser eigenes Tun ganz alleine selbst verantwortlich. Die Ausrede, ‚Ich bin ja nur so, weil dieser oder jener mich so oder so behandelt hat,' zieht nicht. Wenn dem so wäre, gäbe es überhaupt kein Mitgefühl und keine natürliche Scham mehr, denn schmerzliche Erfahrungen sind schließlich in jeder Biographie zu finden. Und doch hat nicht jeder den Blick dafür verloren, was unter uns Menschen das wirklich Wichtige ist!

Welchen Tribut wird sie wohl eines Tages noch zahlen müssen um die Waage des Schicksals wieder ins Lot zu bringen? Denn dass es geschehen wird, ist sicher. und wenn nicht gleich, dann später, vielleicht erst in der Einsamkeit ihrer letzten Stunde. Oder darüber hinaus. Bis dahin bleibt sie unzufrieden.

# Beliebigkeit

*29.10.2022*

Ob rot, ob grün, Beliebigkeit,
der Sinn hat sein Gewicht verloren,
was wertvoll war in alter Zeit,
ist steif am Überfluss erfroren.

Die Music-box spielt längst nicht mehr,
verklungen ihr zwei Groschen-Charme,
im Beat stapft stur die Gier daher,
einfältig und  ideenarm.

„Besitz ist Überlegenheit",
sagt der Hochmut, bricht die  Dämme.
Das Pflänzchen Einzigartigkeit
ertrinkt in Abfallgüterschwemme.

Und wer nicht mit macht, ist nicht „in",
im Egokult sonnt sich das Ich.
Sinnlosigkeit sucht keinen Sinn,
und rächt sich endlich bitterlich.

Carpe diem! Der letzte Tag
bricht an, das Zechen ist vorbei!
Und jeder zahlt den Schuldbetrag!
-  Der Ewigkeit ist's einerlei.

# Das Geschäft

*30.10.2022*

Der Teufel war sehr elegant gekleidet. Hellblauer Nadelstreifen mit Weste und Einstecktuch, Naturseide, dazu lugten diskret goldene Manschettenknöpfe an den Ärmeln hervor. Die Uhr mit schwarzen Lederarmband, Cartier, rechteckig mit römischen Ziffern, zurückhaltend klassisch, das ganzes Auftreten untadelig in der Haltung, souverän und leger zugleich. Wer hier Schwefelgeruch erwartet hätte, sah sich getäuscht! So banal ließ er sich nicht erkennen. Ein Duft, selbstverständlich auch von Cartier, umwehte diskret die Erscheinung, wenn er sich gelegentlich dem Gesicht seines Gegenüber etwas näherte, um seinen Worten mehr Nachdruck zu verleihen. Dabei sprach er leise und bediente sich einer gepflegten und auf Genauigkeit bedachten Ausdrucksweise.

Martin Overbeck war irritiert, was bei ihm sehr selten vorkam, denn der Teufel hatte gleich zu Beginn ihres Gesprächs seine Identität gelüftet und keinen Zweifel über den Zweck seines Kommen und dessen Ausgang entstehen lassen.

Eigentlich hatte Martin einen Herrn von Süderstrüp erwartet, so wie es ihm am Telefon avisiert worden war. Dieser wollte ihm ein lukratives Geschäft andienen. In der Regel ließ Martin sich nicht so schnell auf solche Begegnungen ein. Dazu war er zu lange im Business. Aber der von Süderstrüp wirkte am Telefon sehr überzeugend und erweckte in ihm eine ungewohnte Neugier. Sein lange trainierter Geschäftssinn, durch den ihm schon so einige einträgliche Operationen gelungen waren, witterte Morgenluft. Also ließ er sich auf das Treffen ein.

Als seine Sekretärin den Gast ankündigte, legte er die Zeitschrift beiseite, in der er sich gerade über einen neuen Golfplatz informiert hatte, denn auf solchen Plätzen waren schon viele Geschäfte eingefädelt worden, ein neuer mit neuen Leuten konnte nie schaden. Stattdessen schnappte er sich einen Aktenordner und das Diktaphon, als ob er gerade einen wichtigen Brief aufsetzen würde. Der Gast sollte sofort sehen, wie bedeutend und beschäftigt er war.

Die Tür ging auf und ehe Martin noch aufgestört tun konnte um wie aus tiefer Konzentration gerissen von seinem Ordner aufzuschauen, bekam er mit, wie der Besucher seiner Sekretärin zu verstehen gab, sie könne gehen, sie würde in der nächsten Zeit nicht mehr gebraucht. Verdutzt blicke er in Richtung des Ankömmlings. Der kam mit einem gewinnenden Lächeln auf ihn zu und sagte: „Von Süderstrüp! Sie waren so freundlich mir diesen Termin heute einzuräumen." Dabei streckte er ihm seine Hand entgegen. „Angenehm," sagte Martin überrumpelt und nahm sie. Dabei lief ihm ein kühler Schauer über den Rücken.

„Entschuldigung !" sagte der Gast, als er es bemerkte, und setzte sich ohne weiteres in den Besucherstuhl gegenüber des Schreibtisches. „Das ist leider immer so mit mir. Ich kann eben nicht gegen meine Natur. Und ich muss Ihnen auch gestehen, ich war nicht ganz aufrichtig zu ihnen bei unserem Telefongespräch." „In wiefern?" fragte Martin und fühlte Ärger in sich aufsteigen.

„Mit meinem Namen!" erwiderte der Gefragte offenherzig. „Ich heiße Luzifer. Oder Satan oder auch allgemein der Teufel, ganz wie sie wollen oder woran sie gewöhnt sind." „Soll das ein Scherz sein??" fragte Martin „Das wäre aber zu … " „Zu abgeschmackt? - Keineswegs! " entgegnete der Teufel. „Die Wahrheit ist leider häufig abgeschmackt. Aber Tatsche bleibt Tatsache. Und Geschäft ist Geschäft. Und ich habe ihnen eines vorzuschlagen."

Martin war unangenehm berührt. Der ganze Auftritt mit der Sekretärin, die Sache mit dem Namen und einem Geschäft, das ihm dieser Mensch vorschlagen wollte, - war denn heute Halloween oder erster April, dachte er?? „Nein, das nicht1" antwortete der Teufel auf seine unausgesprochenen Gedanken hin. „Für einen

Mummenschanz ist hier kein Platz!“ Damit verwirrte er Marin noch mehr.

„Sehen sie“, begann sein Gegenüber sanft und bemüht, seiner Stimme einen einschmeichelnden Ausdruck zu verleihen, so wie man mit einem uneinsichtigen Kind spricht. „Mein Vorschlag ist ganz einfach! Sie überlassen mir hier das Geschäft mit allem Drum und Dran und ich biete ihnen dafür ein bis in alle Zukunft sorgenfreies Leben in paradiesischer Umgebung mit allen nur erdenklichen Annehmlichkeiten.“ „Paradiesische Umgebung!“ echote Martin. „Ich benötige keine paradiesische Umgebung, Ich bin hier ganz zufrieden. Und ich werde hier gebraucht. Ohne mich würde hier alles zusammenbrechen.“ Martin schüttelte den Kopf, als wollte er die Gedanken, auf die er sich eben so spontan eingelassen hatte, zur Seite schieben. „Was ist das für ein Blödsinn, wollen sie mich zum Narren halten? Wie, denken sie denn, käme ich dazu, alles was ich mir hier aufgebaut habe, Ihnen so mir nichts dir nichts zu überlassen, auf eine bloße Versprechung hin? Lachhaft! - Im übrigen habe ich zu tun. Auf Wiedersehen.“ Er zeigte stumm auf die Tür.

Der Teufel rührte sich nicht. „Muss ich erst den Sicherheitsdienst rufen?“ Martin bemühte sich seiner Stimme eine gewisse Schärfe zu geben, was ihm aber eigenartigerweise nicht gelang. Der Teufel lächelte nachsichtig. Das brachte Martin erst recht auf. Er drückte eine Taste. „Frau Dreier holen sie den Sicherheitsdienst, sofort.“ Keine Antwort. „Frau Dreier?!!“ Er drückte mehrmals auf die Taste. „Frau Dreier?!!“ Der Teufel räusperte sich und sagte: „Das funktioniert so nicht!“ „Was funktioniert hier nicht? Und ob das funktioniert. Das werden sie gleich sehen“ Er hämmerte erneut auf die Taste. „Frau Dreier!!!Frau Dreier!!!!“ Keine Antwort. „Sehen sie!“ meinte der Teufel ungerührt. Martin war verblüfft und fühle sich plötzlich sehr hilflos. „Dieses Gefühl ist normal, passiert fast jedem, machen sie sich nichts daraus.“ meinte Luzifer besänftigend. „Wo- woher wissen sie ... ??“ stotterte Martin und seine rechte Hand, die eben noch die Ruftaste gedrückt hatte, sank schlaff auf die mahagonifarbene Schreibtischplatte. Sein Gegenüber zuckte mit der Schulter. „Ich bin der Teufel.“ Es entstand eine Pause, in der Martin fieberhaft versuchte, seine Gedanken zu ordnen.

„Bemühen sie sich nicht!“ begann Luzifer erneut. „Es ist mit dem Verstand nicht zu begreifen. Akzeptieren sie es einfach. Es verhält sich wie bei einer Krankheit. Der Körper will ihnen etwas mitteilen und je länger sie sich weigern die Lektion anzunehmen, um so schmerzhafter wird es. Das ändert aber nichts an dem nötigen Prozess. Veränderungen gehören eben zum Leben.“ „Sie reden hier vom Tod und nicht vom Leben, wenn ich ihre Andeutungen recht verstanden habe!“- „Worte!“ sagte der Teufel. „Nennen sie es: Aufbruch zu einer neuen Reise. Das trifft es genau so gut und klingt gleich viel freundlicher.“ Dabei war er aus dem Besuchersessel aufgestanden und hatte sich links von Martin auf die Schreibtischkante gesetzt. Seine körperliche Nähe irritierte Martin noch mehr.

„Träume ich denn? Das gibt es doch alles gar nicht, dass sie hier hereinspazieren, mir erklären sie seien der Teufel und wollten mir jetzt meine Firma wegnehmen. Das halluziniere ich doch wohl alles nur!“ „Traum – Wirklichkeit - Wahrheit, was ist der Unterschied? Das einzig reelle ist das Sein, ihre Existenz. Die Umstände sind variabel, hängen vom jeweiligen Lernprogramm ab, der Software, so würden sie heute sagen. Sie wissen ja selbst, was mit ein paar gespeicherten Daten auf einem Nichts von Materie alles bewegt werden kann. Zum Beispiel: wo bliebe der ganze Finanzsektor ohne sie, oder die Architektur! Kein Bauwerk, das heute entsteht, ohne Computerberechnung.“ Martin versuchte hilflos den Gedankengängen zu folgen. Der Teufel plauderte unbefangen weiter. „Natürlich könnten sie einwenden, die Baumeister früherer Jahrhunderte haben auch Meisterwerke geschaffen ohne IT-Unterstützung. Deren Computer war ihr Gehirn! Und das existierte, lange bevor der erste Stein einer Festung oder einer Kathedrale gesetzt wurde. Und genauso ist Ihr Sein aus einem exakten Plan heraus entstanden, Die näheren Umstände ihres Lebens sind beliebig, nur Dekoration, Beiwerk, Kulisse, in denen ihre Schulung ablaufen kann."

„Hören sie, Ich glaube so etwas nicht! Da können sie noch so überzeugend daher reden. so etwas glaube ich nicht! - Und nun gehen Sie." Mit einer energischen Bewegung zeigte er zur Tür. „Bitte." „Das geht nicht, leider!" sagte Luzifer ruhig und er sagte das in einer Manier, dass es Martin wieder eisig kalt wurde, wie vorhin beim ersten Händedruck. Sein Verstand zweifelt immer noch, aber sein Gefühl war zu ersten Mal geneigt, des anderen Worte ernst anzunehmen.

„Mit dem Glauben ist es so eine Sache," nahm Luzifer den Gesprächsfaden wieder auf. „Der eine glaubt nicht, dass es heute noch regnen würde und dann wird er von einem Gewitter eingeweicht, der andere glaubt nicht an die Schwerkraft, weil sie ja nicht bewiesen ist, stolpert über den nächsten Stein und fällt vierkant auf Gesicht – Lernprozesse! Am besten sie nehmen es hin wie es ist und fügen sich.

„Aber ohne mich läuft doch hier nichts." Hilflos suchte Martin nach Argumenten. „Die Firma würde eingehen, alle entlassen werden, oder würden sie den Bestand garantieren?" „Wieder so eine Vorstellung! Sicherheit! Wieviel Geld wird rausgeworfen für sogenannte Sicherheit! Versicherungen für alles und jedes und sie bringen – nichts, zumindest nicht im existenziellen Sinn." „Haben sie nicht wenigstens Mitgefühl für die Angestellten, die auf der Straße stünden? Die Familien, die in Unsicherheit stürzten, vielleicht keine Miete mehr zahlen könnten oder die Ausbildung der Kinder abbrechen müssten?"

Der Teufel nickte ihm freundlich zu. „Zumindest haben sie jetzt verstanden, dass es hier um keinen Scherz geht, sondern um Realität – ihre Realität, die zugegebenermaßen bei jedem individuell verschieden ist."

„Und was ist mit meiner Frau, meinen Kindern?“ Der Satan schien erstaunt. „Der erste wirklich wichtige Gedanke!“ sagte er „Das ehrt sie, wenn sie auch sonst viel zu wenig an sie gedacht haben bei ihrer Besorgnis um die Firma.“

Martin fühle sich ertappt und nickte, ihm war plötzlich zum Heulen zumute. „Kopf hoch“ , sagte der Teufel, Die Kinder sind schon erwachsen, haben ihr eigenes Leben, die werden - wie auch ihre Frau - durch ihr Weggehen als Persönlichkeiten reifen, werden mehr Verantwortung übernehmen und ihre Fähigkeiten besser nutzen. So ist nun mal die Vorsehung.!“

Martin schluckte. Das Wort Vorsehung hatte er noch in ganz anderem geschichtlichen Zusammenhang abgespeichert.

„Was ist nun mit meinem Angebot?“ fragte der Teufel und kam Martin‘s Gesicht sehr nahe.

„Das Paradies ---“ Martin zog die Augenbrauen zusammen und auf seiner Stirn vertieften sich plötzlich die Falten - „das geht doch gar nicht! Wenn sie wirklich der Teufel wären, wieso sollte ausgerechnet sie, der Teufel, mich ins Paradies bringen?? Das ist doch alles nur eine Farce hier! Und ich wäre fast darauf hereingefallen!!“ Er lachte laut, wenn auch etwas gekünstelt.

„Ach Martin,“ sagte der Teufel vertraulich, als ob er zu einem alten Freund spräche, „Lass die Spitzfindigkeiten. Ich heiße doch auch ‚Luzifer‘, der Lichtbringer und genau dahin soll ich dich geleiten.“

Die weiche Stimme und die vertrauliche Anrede des Teufel brachten Marin endgültig aus der Fassung. „Wie geht das denn?? Was ist mit der Hölle, dem Fegefeuer, der Erlösung, der Verdammnis, den Heiligen und Märtyrern, den Verfluchten .... ist das alles nur Einbildung?“

Der Teufel legte ihm die Hand auf die Schulter und diesmal erschien sie ihm gar nicht mehr kalt. „Es ist doch ganz einfach,“ begann er und sein Tonfall war begütigend und klar. „Wenn Gott das Allergrößte ist, was man sich nur vorstellen kann, der Superlativ aller Superlative, dann gibt es darüber hinaus, also außerhalb von ihm - - - nichts!! Null!! Nada!! Niente!! Wir sind in ihm und er in uns. Und all unsere Vorstellungen und Bilder, Geschichten und Ängste, Hoffnungen oder Verzweiflungen ändern daran – nichts! Das ist doch nur logisch, oder?"

Martin wusste nichts zu antworten. In seinem Kopf drehte sich ein Riesenrad, aber in wahnwitziger Geschwindigkeit. Er meinte plötzlich sich selbst noch einen letzten Versuch schuldig zu sein: „Kann ich nicht wenigsten noch ein paar Tage hier alles in Ordnung bringen?" Luzifer schüttelte langsam den Kopf. „Einen Tag, ein paar Stunden nur, damit es weitergeht … .?" „Es geht immer weiter. Dafür ist gesorgt. Du würdest dich wundern, wenn du in einem Jahr nochmals vorbei schauen könntest. Aber besser du schautest nicht, denn wer würde dich dann noch vermissen?" Die Hand Luzifers lastete plötzlich zentnerschwer auf seiner Schulter, so dass er sich mit den Armen auf dem Schreibtisch abstützen musste und langsam, sehr langsam, aber unaufhaltsam nach vorne über die Schreibunterlage und Tischplatte rutschte, bis er sie mit dem Kopf berührte. Dabei atmete er noch einmal tief ein und dann ganz lange aus. -

Draußen vor der Tür zog der Teufel ein silbernes I-Phone aus der Tasche und sagte ohne eine Nummer gewählt zu haben: „Hallo Chef! Ich bins. Auftrag verabredungsgemäß ausgeführt. - Nein, keine Schwierigkeiten, nur das Übliche. Was liegt nun an? - Ja, ich bin noch im Erd-Modus.- Wohin? - Ach so. - Dann muss ich mich ja umdekorieren!" Er lacht ein bisschen und schien einen Augenblick zu überlegen. - „Wann? - Gleich! - Geht klar! Ich melde mich wieder!" Zufrieden steckte er das Gerät in die Hosentasche und war in der nächsten Sekunde von dem Fleck, auf dem er gerade eben noch gestanden hatte, verschwunden.

# Arabesque

*12.9.19*

Sind Regenbögen giftig?
Krümmen den Blick,
drehen den Nacken zurück
vor dem Abtritt ins Unwägbare -
oder einzig Wahre?
Und der ist triftig.
Seitlich der Trampelpfade,
ist Ungeheuer Scharade,
Stolperdrähte im Ohr,
warnen nicht vor,
lösen Alarm in der Paukenhöhle aus.
Will hier raus,
ab durch die Mitte,
muss aber folgen, sei so Sitte,
Ein Hochseil zwischen zwei Wolkenhörnern,
aufzuspringen sei hinkriegen.
Wolltest doch immer fliegen?!
- Kein Netz darunter! -
- Risiko macht munter!
Die Spanne da vorn von Horn zu Horn,
und dazwischen ein längliches Loch,
mehr sei nicht drin.
Oder doch? Macht keinen Sinn. -
Kannst nur das Eine hier, Fallen,
für dich alleine!!
Glaube mir, so geht es allen.

Sollte vielleicht beim abwärts Sehen
in der Luft noch eine Arabesque drehen
um den Aufschlag nicht zu hören.

Würde das stören?
Will auch die Neige,
wenn ich darauf steige,
ist Meines irgendwie, irgendwo,
gehört sich doch so,.
Vielleicht dass kurz
mein Sturz
die Luft in Wirbeln bewegt,
dem Wanderer über die Hände fegt,
der fragt verwundert: Ist da was??
- falls er überhaupt eine Ahnung hegt.
- - - Und dann war es das!

# Leuchtspuren

*15.1.20223*

Manche können sie sehen: Leuchtspuren, die aus den Köpfen entspringen oder drei Hand breit tiefer links, so zwischen der vierten, fünften Rippe aus der Brust.

Und sie verbinden - wen oder was - mit wem oder was?? Bündelweise steigen sie in die Luft, ins Ungefähre und entfernen sich von ihrem Ursprung zielgenau in bestimmte Himmelsrichtungen. In schüchternen Pastellfarben und durchsichtig hell die einen, die anderen in nachthimmel-tiefem Blau oder selbstbewusster Purpurtönung. Sie pulsieren und scheinen Energie zu transportierten, gespeist aus einem unerklärlichen Kraftwerk.

Manche Menschen können sie im Geiste wie Schienen benutzen und sich darauf zu einem verborgenen Empfänger hin bewegen, Er muss nicht unbedingt im Hier und Jetzt wohnen. Am Ziel angekommen atmen sie in gemeinsamer Verbundenheit mit dem Adressaten, obwohl der vielleicht vor Jahrzehnten schon gegangen sind. Jeder kennt so etwas, vielleicht ohne besonders darüber nachgedacht zu haben. Es ist in unserer materialistischen Welt auch nicht opportun darüber zu reden, in der alles bewertet wird, also der Wert einer Sache ermittelt wird, und der sollte sich möglichst in klingender Münze beziffern lassen. Aber wem ist es nicht schon einmal passiert, dass er durch irgendeinen Anlass an einen Freund, Freundin, Verwandten oder wen auch immer denkt und ihm/ihr durch den Kopf geht, den/die sollte ich auch mal wieder anrufen. Da klingelt das Telefon und wer ist dran?? - Genau diese Person! Die Quantenphysiker sprechen von Quantemverschränkung und es bedeutete, dass alles, was einmal zusammen war, nie mehr auf einer inneren geistigen Ebene getrennt werden kann. (Der Schweizer Wissenschaftler Nikolas Gisin erbrachte Anfang der 2000er Jahre den Nachweis dafür, indem er ein Experiment nachstellte, das Einstein eigentlich zum Nachweis den Gegenteils erdacht hatte!)

Mich rührt jedes Mal der Anblick einer schmale Hand und ich sehe die meiner Freundin noch immer vor mir, wie sie nach Sicherheit und Geborgenheit tastete. Ich habe versucht ihr die Obhut zukommen zu lassen, die sie suchte, habe Zielvorgaben für sie entworfen, denen sie vielleicht folgen könnte. Doch damals vor Jahren brachte sie nicht den Mut auf dem zu trauen. Sie war anderen Sirenentönen gefolgt. Sie glaubte so wie viele andere auch den diffusen Prophezeihungen eines Suchers aus dem Aufbruch des letzten Jahrhunderts und erkannte nicht dessen eigene Unsicherheit im Ringen um Wahrheit. Seine widersprüchlichen Äußerungen wurden zur Religion hochstilisiert, dem trügerischen Halt der Haltlosen, die aus Äußerlichkeiten Stärke beziehen wollen. Doch die ist bekanntlich nur im eigenen Inneren zu erlangen. ‚Menschenlehre' nannte es sich und zur Angst ihrer Anhänger passte, dass jeder, der an diesem Glauben rüttelte, in ihren Augen ein Ketzer war.

Diese schmale Hand, die mir ins Gedächtnis kam, suchte Erfüllung und Glück und griff ständig ins Leere, verpasste die Chance anzukommen bei jemandem, der ihr Heim und Heimat anbot. Und sie endete im selbst gewählten Abgrund. Doch das Band von damals hält über die Zeit hinweg bis heute. Und schmerzt.

Es gibt auch jene Bänder von gleicher Farbe und Textur, die Familien zusammenhalten und keiner näheren Erklärungen bedürfen. Sie sind die Anschnallgurte in unserem Leben, halten uns in der Spur, im Guten wie im weniger Guten. Beides gilt es zu erkennen um die Lehren daraus zu ziehen. Aber kappen können wir sie nicht.

Und dann sind da die Stränge, die uns mit jenen verbinden, die ihre Köder vielleicht schon vor Jahrhunderten ausgeworfen haben, die Denker, Philosophen, Dichter, deren Empfindungen und Gedanken in den morphischen Feldern eines Rupert Sheldrake überleben und abrufbar bleiben. Das sind wirkmächtige Energien. Die Physik weiß, dass eine Kraft so lange fort besteht, bis eine Gegenkraft sie stoppt. Es ist wie bei einem Weltraumfahrzeug: Einmal mit gewaltiger Schubkraft ins All befördert fliegt es bis in alle Ewigkeit weiter, es sei denn, es kollidiert mit einem anderen Weltraumreisenden oder Himmelskörper, der dieser Reise entgegen wirkt.

Solche Kräfte, Geistesschöpfungen oder Emotionen, - so irreal sie auch erscheinen mögen -, lassen sich konkret durch einen simplen Trick nachprüfen!

Da wir immer bei jedem Anlass mit unserem ganzen Sein reagieren, also Körper, Geist und Seele, lässt sich dieser Einfluss in jedem dieser Teilbereiche nachprüfen, zum Beispiel im Körper. Der ist gegenwärtig und greifbar! (Bei der Verortung der anderen beiden - Geist und Seele - tun wir uns eher etwas schwer!)

Betrachten wir zum Beispiel ein Gemälde und überprüfen dabei die Stärke unseres Körpers, vielleicht eines Armmuskels, dann stellen wir unter Umständen fest, das die Betrachtung dieses Bildes uns schwächt! Wieso das? Beim Anschauen des gleichen Bildes in einer zweiten Abbildung nebenan ist das nicht der Fall! Warum?

Des Rätsels Lösung steht in dem Buch von Dr. John Diamond (Der Körper lügt nicht.), Dort sind zwei Beispiele aufgeführt.

Der berühmte Velasques hatte vor Jahrhunderten das Portrait eines Adeligen (Portrait des Juan de Pareja) angefertigt. Dort schaut der junge, spanischen Grande recht finster von der Leinwand herab und man kann sich vorstellen, dass im Absolutismus mit einem eigenwilligen Edelmann, ausgestattet mit der Macht und allen Privilegien seines Standes, nicht gut Kirschen essen war!! Die negativen Gefühle, welche Velasques damals empfunden haben mochte, übertragen sich noch heute auf uns. Es schwächt uns!

Das zweite Bild dagegen, für uns vor der Hand nicht unterscheidbar vom Original - nicht! Die Erklärung: Es ist nur eine Kopie des Velasquesbildes! Wahrscheinlich freute sich der Kopist und war stolz, das Gemälde eines so berühmten Künstlers so naturgetreu nachmalen zu können! Genauso verhält es sich bei zwei weiteren Abbildungen aus dem gleichen Buch: Fotografien eines bekannten Modells aus den Sechzigern, (Falcott Majors:) Eines schwächt, das andere nicht. Beide Male ist sie in verführerischer Pose zu sehen, die sie als Profi natürlich beherrschte. Aber bei einer der Fotositzungen war sie vermutlich frustriert oder verärgert oder hatte ihre Tage - jedenfalls fühlte sie sich nicht gut! Und wir bekommen das durch ein Foto (!) nach Jahren noch mit! Dies sind Beispiele für Bande, die uns mit einer Person verknüpfen, allein durch's Hinschauen!

Wären wir uns aller Netze und Stricke bewusst, die uns binden oder vielleicht auch stützen und festhalten, damit wir nicht abzustürzen, wir würden es wahrscheinlich nicht ertragen. Wir ziehen sie hinter uns her wie Schleppnetze auf dem Meeresboden der Seele. Wie weit ist es also her mit unserer vielgepriesenen Freiheit? Dennoch sollten wir wissen um diese Verstrickungen! Dann würden wir unsere Individualität nicht mehr so bier-ernst nehmen! Und wenn wir dann noch alle die anderen Steuerelemente in unserem Körper betrachten - winzigste Botenstoffe, wie die Hormone, die ebenfalls unterschiedlichen Einflüssen unterliegen - dann gleichen wir eher einer Wundertüte, von der niemand wirklich weiß, was darin steckt, beziehungsweise was dabei herauskommt! Erschreckendes oder Wunderbares, Banales oder Erhabenes - jedenfalls sollten wir uns selbst also mit Vorsicht genießen! Und bereit sein uns infrage zu stellen – oder besser noch, auch einmal über uns selbst zu lachen!

# An mich!

*29.3.2018*

Ich wünsch' dir einen kleinen Stein
zu Füßen, dass du achtsam gehst,
es darf sogar ein edler sein,
dass du den Wert des Wegs verstehst;
den Stein, der unter deiner Zunge liegt
und notfalls deine Worte bremst,
wenn Unmut dich zu fassen kriegt,
- auf dass du dich danach nicht schämst!

Ich wünsche dir ein Schaukelpferd,
damit dich jeder dann und wann,
wenn dir der Stolz zu Kopfe fährt
auf diesem Ding verschaukeln kann!
Und wenn du dann auf Rache sinnst
und brütest: was soll ich jetzt machen -
schaut dich dein Pferdchen an und grinst,
- schon kannst du mit den andern lachen!

Ich wünsche dir ein gutes Lied
als deine Lebensmelodie!
Was immer an dir zerrt und zieht,
verleugne deine Weise nie!
„Üb' immer Treu und Redlichkeit"
mag längst schon aus der Mode sein,
was kümmert das die Ewigkeit? -
Sei wie du bist und füg' dich drein.

# Wo die Erinnerung wohnt

Er wollte nur einen Kaffee im Aufenthaltsraum ziehen, streifte den Bademantel über und schlurfte leise aus dem Krankenzimmer. Der Bettnachbar schlief. Er stellte sich auf dem Weg vor, wie er den Becher im Apparat platzierte, das Knöpfchen drückte und schon liefe die schwarze Brühe unten heraus. Was für ein Innenleben so ein Ding doch hat, dachte er: die Taster, das Mahlwerk, der Wasserkocher, die Ausstoßvorrichtung für den Kaffeesatz, und all die Befehle dafür irgendwo in einem Chip gespeichert: kondensierte Intelligenz wie in einem Lebewesen.

Als er kürzlich die Bilder vom Innenleben einer jungen Frau sah, aufgenommen durch eine Endoskopie-Kamera, war er wirklich perplex. Dort lagen die Leber, die Galle, die Därme alle friedlich beieinander, zur Besichtigung freigegeben. Das alles bei einem lebendigen Menschen! Die intime Einschau berührte ihn eigenartig. Fast wollte er sagen: „Macht rasch wieder zu, damit nichts dran kommt!“ Er fühlte sich diesem jungen Menschen plötzlich merkwürdig verbunden. Dabei ist es nur, was jeder in sich trägt, sagte er sich. Was würde man finden, wenn man tiefer ins Eigene hinein schauen könnte, dort wo die Gedanken, die Eigenschaften und Emotionen sitzen, ganz zu schweigen von den geheimsten Wünschen, die man gar nicht auszusprechen wagte, weil sie vielleicht zu kraus, zu unmoralisch, eventuell sogar grausam wären. Wer möchte für sich selbst schon die Hand ins Feuer legen? Würde er seinen eigenen moralischen Ansprüchen dann noch genügen? Ihn schauderte.

Inzwischen war er am Automaten angekommen, musste aber nochmals zurück, weil er das Geld vergessen hatte. Wie kompliziert manche alltäglichen Vorgänge eigentlich sind, mit denen wir so selbstverständlich herum hantieren, sinnierte er, von den größten bis selbst noch zu den winzigsten!

Von einem Bekannten hatte er einmal eine Beschreibung der innersten Struktur der Atome erhalten, die völlig abwich von allem, was man landläufig gehört und gelernt hatte. Die Darstellung war absolut ungewöhnlich, aber innerlich völlig stimmig. Es verhielt sich wie bei einem Schizophrenen, der nach unseren Begriffen die Grundannahme eines Sachverhaltes für sich verdreht hatte, aber dann, von dieser Annahme ausgehend, völlig logisch weiter argumentierte. „Die Erde ist innerlich hohl! Wir sehen es an den Einbrüchen und Kratern, den Tropfsteinhöhlen und anderen Löchern, dies sind die Eingänge etc. etc…"

Er hatte im Nachtschränkchen die Münzen aus dem Portemonnaie geangelt und lief wieder zurück zum Automaten.

Diese andersartigen Vorstellungen von einem Atom hatten es in sich. Die Grundannahme bestand darin, dass das ganze All in würfelförmigen Räumen strukturiert sei: Die ganz Riesigen, die dann kleinere, ebenfalls würfelförmige Räume beinhalteten, mit wiederum noch kleineren darin und so weiter. Dazu kam dann eine weitere Annahme: das Vorhandensein einer bewussten, intelligenten Kraft, die in diese Räume einwirkte. Mittlerweile stand er wieder vor dem Apparat.

Es ist eine von vielen Forschern längst akzeptierte Annahme, dass hinter der Materie ein bewusster, intelligenter Geist stehe. So hat es Max Planck schon vor Jahrzehnten ausgedrückt und damit die allgemein noch immer vorherrschende Wissenschaftsgläubigkeit relativiert. Thore von Üxküll, dem Begründer der psychosomatischen Medizin, wird im Hinblick auf die moderne Medizin ein anderer, sehr amüsanter Ausspruch zugeschrieben. Er sagte, die Physiker glaubten schon längst wieder an den lieben Gott, nur die Mediziner, die glaubten noch an die Physiker!

In Gedanken steckte er die Münzen in den Schlitz der Kaffeemaschine und hörte sie innen in den Behälter fallen. Doch anstatt jetzt den entsprechenden Knopf zu drücken, fror seine Bewegung in Gedanken ein.

Sein Bekannter hatte ausgeführt: Wenn man von der Existenz dieser Räume ausginge und durch einen Akt des Willens, also einen intelligenten Schöpfungsakt eine Kraft in diese Würfelgebilde einstrahlte, dann müsste sie sich nach den Gesetzen der Geometrie darin auf völlig nachvollziehbaren Bahnen bewegen. Von der Mitte ausgehend würde sie an die sechs Seitenflächen des Würfels stoßen und seitlich abgelenkt werden in die Kanten, wo die Flächen zusammenstoßen. Von dort aus würde sie sich jeweils in die Ecken des Würfels bewegen, weil aus der Mitte ständig Energie nachfließt. In der Ecke aber stießen sie mit den Kräften aus den anderen zwei Kanten zusammen. So bliebe nur der Weg diagonal zurück in die Mitte übrig, ein anderer sei nicht denkbar.

Der Automat blinkte um ihn an seine Wahl zu erinnern. Doch er stellte sich unsere Erde gerade als eine Kugel vor aus verdichteter geistiger Energie und nichts anderem! Ein faszinierender Gedanke! Er rekapitulierte: Energie fließe vom Mittelpunkt zu den Flächen, in die Kanten, zu den Ecken und zurück zur Mitte. Logisch. Und diese Bewegungsbahnen ergäben die Umrisse von sechs mit den Spitzen zusammen treffenden Pyramiden, sagt sein Bekannter. Auch logisch.

Beim Stichwort Pyramide kamen ihm die zahllosen Berichte über ihre geheimnisvollen Energien in den Sinn: Stumpfe Rasierklingen, die im Inneren wieder scharf würden, Fleisch, das nicht verweste, sondern mumifizierte, Pflanzen, die schräg in Richtung Spitze wüchsen, lange bevor sie an die Seitenwände stießen. Er stand noch immer regungslos am Automaten.

Würde nun diese besagte Kraft in einen Pyramidenraum eingestrahlt, ergäbe sich dort ein ganz anderes Muster. Durch die schräge Ablenkung darin, mündeten die Energiebahnen zwangsläufig in einem Energiewirbel an der Spitze der Pyramide, so sein Informant. Und die Grundstruktur des Wasserstoffatoms sei nichts anderes, als zwei Pyramiden, durch die Wirbel Spitze an Spitze ineinander verhakt. Alle Materie, die wir als kompakte, feste Struktur erfahren, bestünde letztlich nur aus lauter solchen Gebilden. Ihn schwindelte.

Vor seinem geistigen Auge erschien ein Gitterwerk zahlloser, Spitze zu Spitze verhakter Pyramiden, die von der Seite betrachtet wie Eieruhren aussahen. Was für ein Eiertanz! Nur die unterschiedliche Anzahl an Bausteinen pro Einheit mache dann die unterschiedlichen Element aus. Das Ganze passe nahtlos in das periodische System der Chemie und zu den Atomgewichten der Elemente. Zum Beispiel sechzehn Stück davon ergäben dann den Sauerstoff, Atomgewicht sechzehn

Er kam zu sich und drückte endlich den leuchtenden Knopf mit der Aufschrift Capucchino. Das Mahlwerk des Gerät trat geräuschvoll in Aktion.

Sein Bekannter hatte noch eine nette Geschichte dazu auf Lager. In einem Versuch hätte man Hühnern Nahrung verfüttert, die keinen Kalk enthielt - womit sie ja ihre Eierschalen aufbauten. Dafür bekamen sie Magnesium, ein chemisch verwandtes Element. Trotzdem legten sie Eier mit Kalkschalen! Wieso? Ganz einfach, meinte er: Calcium habe nur einen Wasserstoff Baustein weniger als Magnesium. Irgendwie müssen Hühner es schaffen, diesen einen Baustein abzuspalten, schon hätten sie den benötigten Kalk! Hut ab vor den Fähigkeiten der Flattermänner!

Und dann gäbe es da noch die Räume zwischen den Bausteinen. Könnten sie eventuell wie eine Batterie funktionieren und geistige Energie speichern? Wo ist denn der Sitz unsere ureigensten Energien: der Gedanken, Vorstellungen, Erinnerungen … keiner weiß es.

Noch immer stand er vor dem Kaffeeautomaten und stierte ein Loch ins Display. Ihm schwirrte der Kopf von all diesen Ideen. Bildlich sah er das geheimnisvollen Leuchten zur Nacht an den Spitzen der Pyramiden vor Augen, von dem die Berichte sprechen.

Die Kaffee-Maschine träufelt mittlerweile den aufgebrühten Kaffee in den Milchschaum, die begehrte Essenz, dachte er, aus

Anbau, Pflücken, Verschiffen, Rösten, Sortieren, Mahlen, Dosieren und schließlich Aufbrühen!

Würde es vielleicht eines Tages möglich sei, die Essenz seines Lebens, die gespeicherten Informationen aus diesen Räumen auszulesen, den Chip in unserem Geist-Computer? Unsere heutigen Ängste vom gläsernen Menschen wären lächerlich im Vergleich zu dem, was dann möglich wäre. Das Individuum, so wie wir es kennen, käme völlig unter die Räder.

Er erinnerte sich an die Dokumentation einer Herztransplantation. Ein Feinschmecker hatte sein Herz buchstäblich fast zu Tode gefressen, wobei er auf fast-food und ähnliche Gelüste immer angeekelt herabgeblickt hatte. Das war nicht nur fast-, sondern „Junc-food!", Abfall. Jetzt aber, nach der OP hatte er plötzlich Lust auf „Pommes rot-weiß!!" Ungläubiges Erstaunen unter Bekannten und dem OP-Team! Er, der Gourmet und so ein Kinderfutter? Die mögliche Erklärung; „Pommes rot-weiß" war eine Lieblingsspeise der jungen, tödlich verunglückten Herzspenderin! War dieses Gelüst mit transplantiert worden?? Würde man eines Tages solche Inhalte vielleicht isolieren, manipulieren, reproduzieren oder sogar gezielt implantieren können?

Er nahm den Becher aus dem Apparat, versuchte schon mal ein kleines Schlückchen und verbrannte sich prompt die Lippe daran. Fast war er dankbar für den Schmerz, denn er holte ihn im Moment aus seinen beängstigenden Gedanken zurück. Bei all seiner sonstigen Fortschrittsgläubigkeit stimmte es ihn doch froh, heute, in dieser Zeit zu leben, ehe vielleicht eines Tages die Zukunft solche Utopien Wirklichkeit werden ließe.

# Gedanken

*22.5.2022*

Wer wird es lesen, was mich trieb,
wird fühlen, was die  Luft beschwerte,
woran die Seele wund sich riebt
und wird versteh'n, was ich begehrte?

Im namenlosen Feld der Kraft
aller Ideen und Gedanken,
das unsere Wirklichkeit erschafft,
aus dem Generationen tranken,

wird jedes weiter existieren,
was jemals Form geworden ist,
und wird noch Welten transzendieren,
wenn keine Zeit es mehr bemisst.

Wer einst die Kraft geboren hat,
erhält, erneuert, immerzu,
gib letztlich meiner Suche statt
und bettet sie in sich zur Ruh'.

# Bonobo

*(Nach einer wahren Begebenheit) 25.1.20*

Ein Bonobo sitzt auf einer Waldlichtung einem Menschen gegenüber und denkt. „Was will der bloß von mir? Hält mir seine Hand hin – komisch. Sonst muss man ja aufpassen bei diesen weißen Affen, was die im Schilde führen. Aber der hier scheint harmlos zu sein. Hat auch nichts Schlimmes in der Hand, nur so ein komisches Ding, das er auf und zu machen kann. Und wenn er was dazwischen hält wie jetzt, - ist es plötzlich entzwei! Das Ding trennt es ganz einfach durch.- Interessiert mich aber trotzdem nicht. - Friedlich sieht er aus, wie er da hockt. Vielleicht … könnte ich seine Hand ja mal nehmen. Im Zweifelsfall wäre ich sowieso mit einen Satz weg. - Na dann. - Aha! - So ist das also. Hand geben ist ganz harmlos. Trotzdem, irgend etwas will er von mir. Aber ich nicht von ihm. Nur dort hinter ihm, da liegt was, das sieht gut aus! Ist blau und knubbelig, könnte noch was darunter liegen. Oder drinnen. So was habe ich schon mal gesehen, Sie tragen es erst auf dem Rücken, holen aus solchen Dingern dann alles Mögliche heraus. Spannend! - Jetzt kommt er mir mit diesem Schnipp-Schnapp näher, zieht an meinen Haaren am Arm. Was soll denn das? Ist mir nicht geheuer, ich nehme den Arm lieber wieder weg, ---- Hm,- Eines muss man ihm lassen: Geduld hat er! Sitzt noch immer da mit seiner ausgestreckten Hand. - Also gut, ich versuch's noch mal, aaaaber vooorsichtig. Hier hast du sie. - Er greift danach! Die seine fasst sich warm an. Eigentlich wie die Hand von unser einem, nur seine Finger sind zu kurz. Aber das macht ja nichts. Solange er mir nichts tut. Und jetzt zieht er schon wieder an meinen Haaren, hat dieses Klappdings in der Hand. Was soll das denn werden? Greift sich ein Büschel und - ab ist es! Habe gar nichts gemerkt. Aber ihn freut's! Das ist schon seltsamer Vogel! Und jetzt? - Jetzt hat er es tatsächlich nochmal gemacht! - Bitte!

Wenn du das lustig findest.-- Mich reizt eher das blaue Ding hinter dir im Gras. Wenn da was zu essen drin wäre? Vielleicht was ich noch gar nicht kenne! Aber er sitzt direkt davor, so ein Mist. -- Das gibt's doch nicht, fasst schon wieder nach meinen Haaren. Muss das Spaß machen! Wenn er mich wenigsten lausen würde. Ganz langsam den Rücken rauf. Das tut gut. Aber davon versteht er nichts. Die haben ja kein Fell, müssen sich irgendwas umhängen um nicht zu frieren. Kann hier ganz schön kühl werden in der Nacht. Zum Glück brauche ich so was nicht! - - Ich denke, ich werde mal ein bisschen näher rücken. Und dem Blaudings auch! Ja, komm du auch näher, gut so, und weg von dem Teil hinter dir. Das sieht schon besser aus! Reicht aber noch nicht ganz. Ich halte ihm mal den Kopf hin. Könnte ja sein, dass ihn das auch anmacht. -- Hab ich mir' s nicht gedacht: Er krault mich! Kraulen mag ich. Da kann ich noch länger still halten. Nun hör doch nicht auf, weitermachen! So ists gut. - Was wird das denn jetzt schon wieder? Kann der nicht mal einen Augenblick Ruhe geben? Packt die Haare auf meinem Kopf und hat das Schnipp-Schnapp in der Hand. Komm mir nur nicht zu nahe an die Augen, da bin ich heikel, bewegt das Dingsbums mit den Fingern, das ist wohl sein Lieblingsspielzeug, darauf scheint er ganz versessen zu sein. Und wie konzentriert er ist, sieht nur die Haare und sonst nichts, da könnte ich … wie weit ist es noch bis zu dem Blauen, lieber noch ein bisschen näher ran. Er hat noch keinen Schimmer! - Hat er mir doch schon wieder Haare abgemacht – und wie der dabei grinst! Ist ja gut! Nun lass mich schon los. Na also. - Wenn nicht jetzt, wann dann?! Allez-hopp! - - - War nur ein kleiner Sprung und jetzt hab' ich das Blaudings, nun nix wie weg, husch, husch! - - - Sooo, das ist weit genug. Mal gucken, was er macht? Wie belämmert er dasitzt! Tja, so was wie euch Bleich-Affen lege ich doch alle Mal aufs Kreuz!! Und jetzt wird nachgeschaut, was da drin ist. Aber vielleicht besser noch ein bisschen weiter weg! Man kann ja nie wissen bei denen!"

## Die Affen

*26.9.2023*

Sie können ganz faul in der Sonne liegen,
sie können sich kraulen und lieben und lausen,
die Sippe sogar erschrecken, betrügen
um ihren Fund allein zu verschmausen.

Sie scheinen schon viel zu versteh'n, zu begreifen,
und ihre Kletterkunst ist verwegen,
Wir seh'n sie behaart durch den Urwald streifen
und fühlen uns ihnen haushoch überlegen.

Doch horten sie weder Gold noch Geschmeide,
sie bringen Mitaffen zum Spaß nicht in Not,
die Gier zerwühlt nicht die Eingeweide,
und wegen Religion schlagen sie niemand tot.

Für sie ist das Leben ein Dauergenuss,
sie haben mit Zukunftstangst nichts zu schaffen.
Ich komme zwangshalber daher zu dem Schluss:
Die besseren Menschen sind doch die Affen!

# Vier mal zweieinhalb

*18-20.2.20*

Vier mal zweieinhalb. Das macht zehn. Mehr gab es nicht. Sechs Schritte hin, sechs zurück. Oder sechs in die eine Richtung, drei zur Seite, kehrt und sechs zurück. Das ging aber nur schräg, weil die Pritsche im Weg war. Wenn er die Schritte größer machte, waren es nur fünf mal zwei. Wie oft hatte er das ausprobiert? Hunderte, wahrscheinlich tausende Male. Die Vorstellung, dass das morgen zu Ende sein würde, war noch so unwirklich, schien rein hypothetisch. Genauso wie die Pläne hier die ganz Zeit über: wie dem Scheiß entkommen, ausbrechen? Aber das hatten die anderen auch alles durchgedacht und Riegel vorgeschoben. Die waren ja auch nicht blöd. Jetzt brauchte er das nicht mehr. Ab morgen nicht mehr.

Und dann? Was würde er tun? Wen kannte er denn noch draußen? Den Karli, wenn es den noch gab. Besucht hatte er ihn nie. Sie waren richtig dicke gewesen. Karli und Ferdi, - wie Max und Moritz. Die anderen aus der Clique waren Luschen, mehr oder minder. Die hatten sich alle nur an Karli gehängt, weil der reden konnte, weil der Gott und die Welt kannte. Waren immer nur mit dabei. Ob in der Kneipe oder am Vatertag auf dem Pferdewagen. Alle nix Besonderes. Bis auf den einen Blödmann, den Blondi. Der musste sich immer aufspielen, konnte das Maul nie voll genug nehmen. Wenn er sich vorstellte, dass der die Vera herum gekriegt hatte, schwoll ihm immer noch der Kamm. Ausgerechnet ein solcher Looser mit seiner Schmalzlocke, affig sah das aus. Was finden Frauen an einem solchen Arsch? Ihm gegenüber spielte die Vera die große Dame, die mehr beanspruchen konnte, als das, was er ihr hätte bieten können. Und dann mit dem! Andernfalls - warum hing sie dann noch mit ihnen ab? Manchmal schien sie ja gar nicht abgeneigt. Aber es war nie richtig was passiert zwischen ihnen. Bis auf einmal am Valentinstag in der Woche davor, wenn auch nur Geknutsche. Aber er hatte sich mehr versprochen. Deswegen war das auch alles passiert. Klar, im Nachhinein hatte er sich selbst oft genug gesagt, den Dünnbrettbohrer hätte er einfach ignorieren sollen, links liegen lassen, diesen Vollpfosten. Weiß man doch, dass von dem Geschwätz nichts stimmt. An der Theke, da sind sie alle die Größten. Wenn nur ein winziger Teil von all den Großtaten dieser Maulhelden am Thesen tatsächlich passiert wäre - die Welt würde total anders aussehen!! Und das hatte die Vera nicht durchschaut?? Oder hatte sie auch einen in der Krone gehabt und war deshalb seinem Gelabere auf den Leim gegangen? Reden, das ist wohl das Größte für die Damen. Und das konnte der. Schwätzen, schwafeln, angeben, Honig ums Maus schmieren, die ganzen oberfaulen Lügen: Wie toll du aussiehst und deine Figur, die Venus würde blass werden - sieht der nicht, dass sie viel zu dicke Beine hat? ‚In deinen Augen könnte ich ertrinken' – so ein Kokolores! Und es war dem völlig egal, wie viele um sie rumgesessen und mitgehört hatten. Dann waren sie plötzlich weg. Beide. Naja, Weiberfastnacht hatte er sich gedacht. Der Alkohol stand ihm sowieso schon Oberkante Unterlippe. Da wäre sowieso nichts mehr mit ihm los gewesen. Kam ja nicht so oft vor.

Am Freitag war sie nicht da. Samstag auch nicht. Der Lackaffe ebenfalls nicht. Sonntag dann wieder beide. Der Typ tat so, als ob er sie überhaupt nicht kennen würde und hockte sich an unseren Tisch. Und dann hatte es gar nicht lange gedauert bis er anfing die Gerlinde anzumachen. Die hatte zwar ‚n freien Tag, konnte sich aber wohl nicht von ihrer Kneipe trennen. Die Vera saß mit zwei anderen Mädels am Tisch nah bei der Theke, guckte ab und zu mal rüber. Rundum ging's schon hoch her, Humba-Humba-Humba-tätärä. Sie guckte nur, redete anscheinend gar nicht mit den andern, warum war sie dann hier? Schon komisch. Als die Gerlinde mal kurz weg war, hat Karli den Schmachtfetzen angehauen, was denn mit der Vera wäre. Karli hatte bei der Vera einen Schlag weg, aber nur so wie Bruder und Schwester, er war ihr einfach zu dick. Trotzdem schaut er ein bisschen nach ihr. Da kam dann von dem blonden Arsch so ein großkotziges Getue: die hätte es mal richtig gebraucht und er hätte es ihr besorgt. Aber sonst wäre das nix Besonderes gewesen. So was wie die könnte er doch jeden Tag kriegen. Ihm, Ferdi, kam die Galle hoch bei dem Genöhle. Was sich der Schleimscheißer einbildete? Aber der merkte nichts, und machte weiter, ein typischer Thekenmatador. Andere würden sich ja schwer tun bei den Weibern, die hätten es halt nicht drauf. Trauten sich nicht. Er würde jede rumkriegen. Und dabei guckte er ihn so provozierend an, dass ihm schon jetzt beinahe die Hand ausgerutscht wäre. Karli merkte, was im Busch war und warf eine Runde. Alle schluckten noch einen. Und noch einen, denn auf einem Bein steht sich's schlecht. Dann waren sie an die Theke umgezogen, direkt neben dem Tisch von Vera. Die sah nicht gut aus, schaute nur sonstwo in die Gegend, keinen Blick in Richtung Thesen. Der Angeber schwang immer noch das große Wort. Von seinen Eroberungen, was für tolle Figuren die gehabt hätte, solche Titten! Er spreizte die Hände und glaubte wohl selbst, was er erzählte.

Ferdi konnte nicht mehr so richtig folgen von wegen Bier und den ganzen Kurzen dazu. Und dann hatte der Idiot plötzlich einen Bh aus der Tasche gezogen und über seinem Kopf kreisen lassen wie ein Lasso. Die anderen johlten und der Drecksack grinste. „Vera, guck mal!" gröhlte er. Ferdi schwoll der Kamm und er rutsche mit einem Beim vom Barhocker. „Is was?" unkte der Prahlhans. „Biste scharf auf die alte? Musste se halt nehmen, die kann doch jeder haben!" Alle schauten zum Tisch mit den drei Frauen, wo Vera angestrengt unter sich guckte. „Oder kriste kein' mehr hoch?" setzt der Saukopp noch einen drauf. Da hatte er zugelangt. So was sagt man nicht! Und so was macht man auch nicht vor Frauen. Und bei der Vera schon gar nicht. Als dem Deppen schon die Soße aus der Nase lief, grinste der noch immer. „Das werd' ich dir austreiben“ hatte er gedacht und den an seiner geölten Mahne gepackt und auf die Theke damit, und nochmal. Irgendeiner wollte dazwischen, hatte ihn von hinten gepackt. Aber anpacken, das geht bei ihm gar nicht. Im Rumdrehen hatte er ihm eine verpasst und der fiel wie ein Sack um. Dass die beschissene Stuhllehen dazwischen war und der genau mit dem Hals draufknallte, das konnte ja keiner ahnen.

Er hatte das wirklich nicht gewollte, aber das spielte in der Verhandlung dann keine Rolle. Man hatte ihm vorgehalten, dass er schon mal einen fast alle gemacht hätte, als auf dem Bau die Decke eingestürzt war und der Polier ihm die Schuld dafür in die Schuhe geschoben hatte. Er konnte nicht beweisen, dass er dem schon beim Einschalen klar gemacht hatte, dass das so nicht ging. Aber der Vollpfosten hatte sich aufgespielt, er wäre der Fachmann und von einem Hilfsarbeiter ließe er sich noch lange nichts sagen. Wenn er seine Anweisungen nicht befolgen wollte, dann könnte er gleich gehen. Und dann war‘s eben passiert. Die ganze Scheiße kam runter. Beim Chef hatte die hinterhältige Sau später alles so hingebogen, dass er zum Schluss die Arschkarte hatte und der Job weg war. Damals war Flaute auf ‚m Bau und er durfte stempeln gehen. Ausgerechnet an dem Tag lief ihm der Polier dann über den Weg und da bekam er seine Quittung. War auch so ein Schwätzer. Er hatte sie alle gefressen wie zehn Pfund grüne Seife.

Am nächsten Morgen war es wirklich so weit. Umkleiden, seine alten Klamotten an, die Sachen nehmen, sein Taschenmesser war auch noch da! Es fühlte sich gut an, das wieder einzustecken. Da ist man doch gleich nicht mehr so nackt. Wieviel? „Sechshundertdreiundvierzig und fünfunddreißig. Hier unterschreiben.“ Sieht viel aus, aber wenn er überlegt, wie lange er dafür gearbeitet hatte! Und jetzt kostete ja alles: Essen, Straßenbahn, Unterkunft. Die Adressen von seinem Bewährungshelfer steckte er in die Brusttasche, dazu den Entlassungsschein und auch die Anschrift von dem Wohnheim. Eine Tür ging auf und zu und dann noch eine. Hubert hatte Dienst und wünschte ihm alles Gute und auf „Nicht“-Wiedersehen. Der war schwer in Ordnung. Wie eigentlich fast alle. Er war ja auch verträglich - wenn man ihn in Ruhe ließ. Dann schob sich das Tor auf und hinter ihm wieder zu, er war draußen.

Es hatte geregnet, die Straße war noch nass, aber die Luft tat gut. Es roch nach irgendetwas, das irgendwo irgendwie schon blühte. Er blinzelt ein bisschen in Richtung Himmel, wo die Sonne hinter eine paar dünnen Wolken zu ahnen war. Drinnen war es immer dämmrig gewesen. Das Licht schmerzte jetzt fast. Auf der anderen Straßenseite bewegte sich etwas. Dort hatte jemand gestanden, das hatte er im ersten Moment gar nicht registriert. Jetzt kam er auf ihn zu, nein, das war eine Frau. Sie hob die Hand ein bisschen, nur bis in Bauchhöhe und macht eine kleine Bewegung, so zweimal hin und her. Es galt ihm. Er guckt in ihr Gesicht und schaltete nicht gleich. Sie hatte ihre Strickmütze ziemlich tief in die Stirn gewogen. Dann erkannte er sie. „Vera? Du?“ Sie grinste ein bisschen und kam näher. Er war sprachlos und starrte sie ungläubig an. Dann stand sie vor ihm und schaut ihm gerade ins Gesicht. „Komm.“ sagte sie und hakte sich bei ihm ein.

# Existenz

*17.12.2020*

Ich,
    Körper,
        Hülle,
            Fleisch,
laufe,
    höre,
        schmecke,
            schnaufe
beschwere einen Stuhl -
            ist das alles?
Ein Nichts, ein Loch
            mit eingeschraubter Seele,
oder heraus gefräst,
            aus Holz? - aus Urgestein? - aus Lehm?
Wo steckt „I c h“ darin?
            Das Ich - Seele, Ich - Denke , Ich - Ich ?
Habe eine Passage gebucht,
            doch die Destination vergessen,
Das Ich - Ich tropft derweil
            unten zu den Füßen heraus,
Ich lecke, verliere Öl! Kann wer nachfüllen?
            Wo ist eine Scheiß Ich-Tankstelle?
Wenn alles ausgelaufen ist,
            im Sand versickert,
(- Bodenverunreingung! Umweltsünde! -)
            ist dann endlich alles … ja, was denn?

Wie viele von meiner Sorte stecken,
zu Sandkörnchen geronnen, im gleichen
Schlamassel?

Ein Sandkörnchen!! Das wäre doch e t w a s!
Aber so? Ich – Was??

# Wenn einer eine Reise tut: Flughäfen!

Sind sie nicht erstaunlich, die modernen Feen in den Terminalhallen der Flughäfen? Durch die langen Flure ziehen sie grüppchenweise in hauteng anmodellierten Uniformen, den Rollcontainer wie ein Modehündchen an ihrer Seite ziehend, die Blicke bereits in Singapur, während sich ihre Schritte zielgerichtet - klack-klack - auf unsichtbaren Gleisen an mir vorbei schieben. Dabei werden sie verfolgt von den Kapitänen der Lüfte, deren Minen ebenfalls abgehoben in den höheren Regionen lässiger Nonchalance schweben. Doch so unnahbar sind sie gar nicht, die Vorzeigedamen der Kranichlienie oder der Billigcarrier, wenn sie sich in Hongkong mit aufs Zimmer nehmen lassen oder die Pause auf einem Langstreckenflug lustbringend ausfüllen. Manche von ihnen umgibt eine Wolke ätherischer Öle oder sonstiger Duftstoffe unbekannter Provenienz, quasi als Nasen-Harnisch. (Ob sie wohl wissen, dass Moschus aus der Präpuialdrüse am Penis männlicher Moschusochsen gewonnen wird?? ) Fast hätte ich Angst in ihrer Nähe ein Feuerzeug anzuzünden wegen erhöhter Explosionsgefahr! Ich stelle mir vor, was geschähe, wenn vielleicht gleichzeitig mehrere solcher Crews vereint mit den Duftschwaden aus den Duty-free-Shops dem Gate entgegen strebten und dann ein Funke nur und … gute Nacht, Flughafenterminal!

So gleiten sie also schwanen-gleich vorüber- oder besser: Kranichen gleich (besagter Airline wegen!), die Gesichter unnahbar unter einer Mörtelschicht aus Lancome-Fassadentünche erfroren, so glatt so kühl wie die Marmorböden der Abfertigungshallen.

Die Damen an den Schaltern der Bodenabfertigung bemühen sich nach Kräften es ihnen gleich zu tun, was bei den drängelnden Fluggästen nicht immer gelingt. Ihnen hat schon so viel in den Ohren geklingelt und getingelt, dass sie eigentlich nichts mehr erschüttern sollte, auch wenn der Computer wieder einmal spinnt wie neulich in Peru. Die Dame dort zog ein ums andere Mal ein Papier aus dem Drucker um es zu betrachten und irritiert wieder zu zerreißen, bis ihr endlich wohl eines gefiel, das sie uns dann ungerührt aushändigte, gerade so als gehöre diese Prozedur zum ganz normalen Ablauf .

Ganz anders die Herren an den Schaltern, die Oberons im Feenreich, die zwar auch keine andere Betätigung haben, aber sich hier überlegen fühlen in ihrem Revier. Fluggäste scheinen für sie eher Petitenten zu sein, die ihre Ruhe stören, als Gäste um die man sich bemühen müsste.

An ein besonderes Exemplar dieser Gattung erinnere ich mich im Flughafen von Delhi. Wie ein Maharadscha thronte der in einem etwas erhöhten Kasten und studierte unberührt von der ständig wachsenden Schlange von Reisenden irgend etwas unter sich auf seinen Knien oder sonst wo. Ein unsichtbares Papier, das aber ungeheuer wichtig zu sein schien, (ich vermute die Tageszeitung!), denn das Studium dauerte gefühlt eine halbe Stunde, währenddessen die Wartenden von einem aufs andere Bein traten. Endlich hob er mit einer müden Bewegung den Kopf, ließ unter halb geschlossenen Lidern den Blick flüchtig über die Menge schweifen, um das edle Haupt sofort wieder zurück sinken zu lassen und dann mit befehlsgewohnter Geste der Hand irgendwo ins Leere den nächsten Fluggast herbei zu zitieren. Dabei löste er nicht einmal den Ellenbogen von seiner Unterlage ab. ‚Die Welt ist ja so öde!' bedeutete das wohl. (Das Gebäude war es übrigens auch!)

Welch ein Unterschied, als wir in der gleichen Nacht zu einer Zwischenlandung und Übernachtung in Muscat, Oman, landeten. Wir waren die einzigen, späten Gäste im Ankunftsgebäude, und eine Gruppe von Nachthemdträgern mit Kopftuch und Stirnreif stand schwatzend hinter den Abfertigungs-Schleusen beisammen.

Als sie uns kommen sahen, öffneten sie sogleich einen Schalter, dann noch zwei weitere für uns wenige Menschen, denn sie hatten ja sonst nichts Besseres zu tun! An meinem Gate stand ich ganz alleine mit meiner Frau und schon war ich mit dem jungen Mann in ein Schwätzchen vertieft: ‚Deutschland, ja, schönes Land, sein Herrscher hier, - ob ich den nicht kenne?! - ich bejaht höflich - ein aufgeschlossener, moderner Mann, er sei auch gerade in Deutschland, in oder an den Alpen!' - im Allgäu nahm ich an - und er zeigte mir stolz auf seinem Handy ein Bild der grünen Voralpenlandschaft samt dem Souverän! Zwischenzeitlich nur als zweitrangige Pflichtübung ein lässiger Blick auf die Papiere und das wars dann schon mit der ganzen Abfertigung! So geht's auch!!

Ein besonderes Ereignis ereilte mich auf einer Perurundreise in dem brandneuen „internationalen" Flughafen von Paracas, von wo aus die Rundflüge zu den berühmten Nasca – Linien starteten. jenen 1000 Jahre alten, kilometerlangen Zeichnungen auf den Felsen des Alti plano. Ansonsten startete aber von dort aus – nichts! Noch kein einziger Flieger einer nationalen, geschweige denn internationalen Airline hatte die Piste je beehrt. Jetzt jedoch standen in der weiten Halle elf veritable Fluggäste, noch dazu aus dem fernen Deutschland. Jetzt konnte man endlich zeigen, wozu man fähig war, und der ganze Apparat lief zu Hochturen auf ! Zuerst zwei Damen hinter einem Thresen, die die Ticket beäugten und uns eine Abfertigungsgebühr abnahmen, dann weiter zum nächsten Schalter, wo eine Dame nach eingehender Prüfung der Pässe (für einen Rundflug, der zum Ausgangspunkt zurückkehrt!) die Bordkarten ausstellte und aushändigte, dann zehn Schritte seitlich, wo die gleiche Dame am Eingang ins Allerheiligste, den Innenbereich, jetzt die Bordkartenabriss – nicht ohne die gleichen Pässe nochmals studiert zu haben (vielleicht hatte sie solche Wunderdinger vorher noch nie gesehen oder die Passagiere hatten inzwischen ihre Identität gewechselt?). Und innen schließlich die Security, ein vollständiger Sicherheitsapparat mit Pieps-Portal und Transportband durch den Taschentunnel sowie zwei wichtig schauenden Angestellten. Das alles für ein dreißig-minütiges Abheben zu einer kleinen, leeren Hochebene von einer überschaubaren Touristengruppe, die eben im Omnibus angekarrt worden war und damit auch gleich wieder verschwinden würde...

Ich stand als Letzter in der Schlange und prompt fiel ihnen mein Schweizer Messer auf. Ein Taschenmesser trug ich schon seit meiner Jugend bei mir, mein selbstverständliches Inventar: „Ist ja kein Problem", sagte ich, „ich lasse es hier bei Ihnen und nehme es hinterher wieder in Empfang!" „Nein, das geht nicht!!" „Wieso?" fragte ich. Keine Begründung. „Ich bin doch in einer Stunde spätestens wieder zurück?" „Nein das geht nicht!' Ich versuchte es mit Humor- ‚Es würde sie auch bestimmt nicht beißen, wenn ich unterwegs wäre!' ‚Nein, das sei nicht möglich!' ‚Warum?' Keine Erklärung. Langsam spürte ich Unmut in mir aufsteigen und wartete. Sie schienen irritiert. Neuer Versuch: ‚Wieso nicht?' - ‚Ich sei ja nun schon hier drinnen, da ginge das eben nicht.' Ich wartete. Eine Pause entstand. ‚Es sein denn,' - ich schaute interessiert - ‚es sein denn, ich würde noch einmal hinausgehen, es jemandem geben und wieder herein kommen - dann wäre allerdings die Abfertigungsgebühr von 15 Soles (5 €) nochmals fällig.' Daher also wehte der Wind! Ich schluckte, ging nochmals hinaus, verstaute das Messer bei einer Reisebegleiterin, zahlte, 15 Soles, bekam nochmals ein Ticket von der Dame von vorhin - nach erneuter Prüfung des Passes, versteht sich, dann riss sie ein Stück weiter in neuer Funktion wieder das Ticket ab, nicht ohne den gleichen Pass nochmals inspiziert zu haben (mittlerweile zum 4. Mal, - so schön fand ich mein Passfoto gar nicht!), schließlich nochmals zum Sicherheitscheck, wo die gleichen Sachen von vorhin wieder im Tunnel landeten, obwohl ich von meinem kleinen Abstecher zurück in die Abfertugungshalle noch immer keine Bombe mitgebracht hatte. Und wiederum kritischen beäugt von den Sicherheitsbediensteten, tauchten sie auf der anderen Seite des Loches wieder auf – erstaunlich, erstaunlich! Mittlerweile ganz alleine an der Abfertigung durfte ich endlich den Rest meiner Habe einstecken! Als ich zu meiner geduldig auf mich wartenden Gruppe am Gate stieß, raunten mir zwei Herren zu: Ihre Taschenmesser hätten sie noch einstecken, die wären denen nicht aufgefallen!--- „Ümmer üüüch!"

Mein Taschenmesser ereilte dann aber doch noch sein Schicksal, als wir in Cuzco in aller Herrgottsfrühe für den Rückflug zum Flughafen gekarrt wurden, wo wir um ein Haar nicht hätten vorfahren dürfen, denn die Lehrer streikten in Peru und einige Airportangestellte aus Sympathie gleich mit ihnen. Wir als Ausländer durften nach geraumer Zeit dann doch rein und an dem Schalter, an dem die schon erwähnte Abfertigungsdame so lange die Papiere zerriss, bis ihr endlich seines gefiel, entschwand mein Koffer schließlich auf dem Transportband und mit ihm die letzte Möglichkeit, mein Taschenmesser in Sicherheit zu bringen, (obwohl das Schicksal mir noch vorher mit der längeren Wartezeit eine Denkpause eingeräumt hatte!) Nur: um kurz nach sechs in der Frühe und ohne Frühstück, (denn im Hotel gab es noch keines, sondern lediglich Lunchpakete - aber eines zu wenig, nämlich meines!) also um diese Tageszeit funktionierte mein Denkapparat leider nur auf Sparflamme! Adieu denn, Taschenmesser! Du liegst nun irgendwo in einer Schublade oder bist im Hosensäckel eines der Angestellten verschwunden. In meiner Hosentasche wartet nun ein Nachfolger auf mein nächstes Reiseabenteuer!

## Cum granum salis

*16.10.2023*

Cum granum salis, mit ‚nem Körnchen Salz,
- Griesgram in die Ecke - denn das Schmalz
des Lebens muss mit Spaß gepfeffert sein!
Dann kriegt vor Lachen sich kein Unglück ein!

Was soll`s  mit diesem Grämen, Planen, Sorgen,
es kommt doch trotzdem alles anders morgen!
Ich wünsch‘ mir  dezidiert: Es wird schon gut!
- Ein Miesepeter hat nur keinen Mut!

Das Wagen ist‘s, dem Schicksal zu vertrauen,
anstatt sich ständig ängstlich umzuschauen.
Drum lad‘ ich Glück und Frohsinn zu mir ein!
- Und der Rest kann mir gestohlen sein!

# Der Husten

*Mai 2022*

Die Fichten hatten lauter hellgrüne, kleine Tatzen und der weiße Flieder hinterlegte hell das Rot der ersten Rosen am Bogen über dem Weg. Die Luft trug den Duft von Blattgrün und Maiglöckchen über Land, sowie den Hauch von feuchter Erde, wenn die ersten Gießkannen in die Beete geleert werden. Darüber hinaus, schwängerte - sehr zum Ärger der Heuschnupfenpatienten – eine beträchtliche Last von Pollen die Luft, wie man unschwer an den Autos sehen konnte. Die waren gelb! Die Natur explodierte in Blättern und Trieben und nicht nur die Pflanzen trieben es wild! Es trieb auch die Jungen und so manche Ältere um auf der Suche nach Dingsda und Dideldum!

Es hätte also eine wunderschöne Zeit sein können. War es aber nicht, zumindest nicht für Karen, Am Morgen in der Klinik hatte ihr ein forscher, junger Arzt beiläufig flapsig die Ergebnisse ihrer Untersuchung und die Diagnose an den Kopf geworfen. Er hielt das wohl für besondere Lockerheit und meinte ihr damit über die Schwere der Erkrankung hinweg helfen zu können. Aber Karen überfielen die Tatsache und die Konsequenzen daraus mit voller Wucht.

Seit dem plötzlichen Tod ihres Mannes vor fast vier Jahren hatte sie noch nicht wieder zu ihrer alten Kraft zurück gefunden. Da war eine Flut über sie herein gebrochen, ähnlich wie heute die Diagnose. Am Morgen noch hatten sie damals mit ihrem geliebten Frieder für den Nachmittag einen Spaziergang im Stadtgarten geplant. Die Jahreszeit und das Wetter waren zu schön um zu Hause zu bleiben, genau wie jetzt. Hinterher wollten sie im Gartencafé der Stadthalle etwas essen. Er verabschiedete sich wie üblich mit Küsschen rechts und links, auf die Stirn und den Mund, ihr lange geübtes Abschiedsritual. Er gedachte in der Nachbarstadt einen

Geschäftsfreund zu besuchen und am frühen Nachmittag wieder zu Hause zu sein. Als er um zwei Uhr noch nicht zurück war, wunderte sie sich nicht. Es kam schon einmal vor, dass eine Besprechung länger dauerte. Meistens rief er dann aber an. Als sie bis vier noch nichts gehört hatte, wurde sie sehr unruhig. Kurz nach fünf klingelte es. Sie dachte er hätte wohl wieder mal den Schlüssel liegengelassen. Aber vor der Tür standen eine Polizistin und ihr Kollege und vergewisserten sich, dass sie Frieders Frau war. Dann fragten sie, ob sie kurz hereinkommen dürften. Vorsichtig eröffneten sie ihr drinnen, dass es auf der Autobahn einen Unfall gegeben hätte, ein Lkw wäre ungebremst in ein Stauende hineingefahren, keine Chance für den Insassen des Pkw davor.

Sie konnte Tage und Wochen lang keine Träne weinen, spulte ihren Alltag wie in Trance ab, ging ihren Verpflichtungen im Büro bei der Stadtverwaltung nach und lehnte alle gut gemeinten Hilfsangebote der Kollegen ab. Sie schaffe das schon. Sie bearbeitete Anträge, traf Entscheidungen. funktionierte rein mechanisch tadellos.

Dann kam der Zusammenbruch und nichts ging mehr. Dr, Hansemann, ihr Hausarzt wies sie ins Krankenhaus ein. Sie war buchstäblich zu nichts mehr fähig. Der Kreislauf spielte verrückt, lebenswichtige Organe schwächelten, einige Ärzte sagten ihren Freunden, sie wüssten nichts, ob sie Karen durchbrächten, es fehle ihr das Wichtigste: jeglicher Lebensmut!

Ausgerechnet einem Onkel, dem jüngeren Bruder ihres verstorbenen Vaters, zu dem sie gar nicht so viel Kontakt hatte, verdankt sie, dass es doch noch einmal aufwärts ging. Er besuchte sie überraschenderweise in der Klinik. Doch anstatt sie zu bedauern, ihr seine besten Wünsche zur Genesung dazulassen und wieder in seinen Alltag zu verschwinden, setzte er ihr ordentlich den Kopf zurecht. Sie habe ein Leben geschenkt bekommen, in dem sie ihre Fähigkeiten erproben und wenn möglich zur Vollendung führen sollte. Und die Flinte ins Korn zu werfen wegen eines Verluste, den abertausende vor ihr auch schon erlitten hätten, das sei einfach feige! So etwas kenne er nicht, weder von ihrem Vater, noch von ihr selbst. Ihr Leid sei der Schleifstein, an dem sie sich reiben müsse um ihre Messer zu schärfen. Was sie an Schönem mit ihrem Mann erlebte habe, könne ihr sowieso niemand nehmen. Das bliebe unberührt, auch wenn sie sich jetzt am Riemen reißen und eine neue Lebensphase beginnen würde, vielleicht mit ganz neuen Herausforderungen oder Erfolgen – wer könne schon in die Zukunft schauen? Das Rückwärtsblicken und dem Vergangenen nachzutrauern, widerspräche der Logik des Lebens. Dann könne sie gleich vom Hochhaus springen.

Karen war von der Standpauke so perplex, dass sie gar nichts erwidern konnte. Als der Onkel sich schließlich verabschiedete, meinte er noch wie beiläufig beim Hinausgehen zwischen Tür und Angel: „Ich glaube an dich! Du bist mir wichtig!"

Diese Worte brannten sich bei ihr ein. Besonders die letzten: ‚Sie sei ihm wichtig,' Was er so betont lässig an den Mann bzw. die Frau gebrachte hatte, bekam gerade dadurch ein besonderes Gewicht. Es war klar: Sie durfte ihn nicht enttäuschen.

Von da an ging es aufwärts, zwar langsam, aber es ging. Doch sie war immer noch nicht die alte und ob es nochmals so sein würde wie früher, wer wusste das schon? Dr. Hansemann, ihr Hausarzt und das Amt legten ihr nahe, die Frührente zu beantragen, was sie dann auch tat. Die Abstriche an der Pension waren erträglich, auch wenn sie gelegentlich die Arbeit und die Kollegen vermisste, ja selbst das Publikum, das weiß Gott nicht immer einfach war!

Zum Ausgleich engagierte sie sich sozial, stand Asylanten beim Ausfüllen von Formularen und Anträgen bei, lernte viele Schicksale kennen und fand Genugtuung darin, den Menschen, die oft heftige Biografien hinter sich hatten, in einem neuen Land wieder auf die Beine zu helfen. Das machte sie nun schon fast zwei Jahre und es half ihr über die immer noch aufsteigende Trauer hinweg.

Vor einiger Zeit hatte sie angefangen zu hüsteln. Es ging auf den

Winter zu und sie tat es als jahreszeitliche Erkältung ab. Etwas zur Abwehrstärkung, ein paar Vitamine und es würde schon wieder. Doch das Hüsteln blieb und fiel ihren ehemaligen Kollegen auf, als sie sich zur Weihnachtsfeier trafen. „Hast du Auswurf? erkundigte sich ihre einstige Schreibtischnachbarin. Sie war immer sehr besorgt um alles, was mit Gesundheit zusammenhing. „Ein bisschen verschleimt ja, aber richtigen Auswurf nicht." „Wie sieht das aus?" beharrte die Bekannte. „Gelb, oder grün?" „Weißlich eher," meinte sie, „Mal ein rötlicher Streifen, Wahrscheinlich ein geplatztes Äderchen." „Das musst du unbedingt untersuchen lassen. Es könnte ja auch was anders dahinter stecken!" Die Kollegin wirkte ernsthaft besorgt. Aber Karen kannte ja deren Steckenpferd und dass sie sich auch gerne etwas in den Vordergrund spielte mit ihren medizinischen Kenntnissen. Daher vergaß sie das Gespräch wieder.

Zwei Monate später fiel ihr auf, dass der Husten immer noch da war. Auch fühlte sie sich etwas schlapp und schwitzte nachts manchmal.

Wieder war es der Onkel, der sich entgegen seiner üblichen Gewohnheit bei ihr blicken ließ und schauen wollte, wie es ihr als Rentnerin ginge. Als ob er es riechen würde, wenn bei ihr etwas im Busch war! Er sprach sie auf ihr Hüsteln an. Als er ihren kurzen Bericht von der Dauer des Kratzens im Hals und den rötlichen Streifen im Taschentuch gehört hatte, wurde er sehr energisch. Er bestand darauf, dass sie das medizinisch abklären ließe, nahm ihr, bevor er ging, das Versprechen ab, es wirklich zu machen und nicht nur als Überbesorgnis eines alten Mannes abzutun.

Kurze Zeit später bekam sie bei Dr. Hansemann einen Termin. Er freute sich sie so weit wieder hergestellt zu sehen. Er hatte an ihrem Schicksal immer Anteil genommen.

Doch Dr. Hansemann zog jetzt die Brauen zusammen. Er erkundigte sich ebenfalls nach der Dauer der Symptome, ließ sich das Aussehen des Auswurfs beschreiben und hörte sie ab. Daraufhin legte er wortlos ein Formular in den Drucker, schrieb etwas darauf und überreichte ihr den Ausdruck mit der Aufforderung. „Dort gehen sie hin, lassen die Lunge röntgen und das Sputum untersuchen." Eine weitere Erklärung gab er nicht, aber sein Tonfall duldete keinen Widerspruch.

Die Diagnose in der Klinik am Morgen lautete: Lungentuberkulose. Karen war fassungslos. Woher? Wieso sie? Wer hatte sie angesteckt? Was bedeutete das? War das heilbar und wenn, wodurch? Und was würde es mit ihr machen? Ihr fiel die Kamiliendame ein und die Mimi aus La Behème, Davos, der Zauberberg, die Lungensanatorien. Vor ein paar Jahre  hatte sie von einer Freundin eine antiquarische Ausgabe von Ferdinand Sauerbruchs Biographie bekommen, dem berühmten Chirurgen, der als erster mit Hilfe einer Überdruckkammer im Brustraum operieren konnte.  Davor war die Tuberkulose inoperabel, ein Todesurteil. Sie erinnerte sich an den alten Film Anfang der Fünfziger mit Ewald Balser vom Wiener Burgtheater. Sauerbruch war ein großer Mann, seiner Zeit weit voraus, dazu in diplomatischen Missionen im Auftrag von Kaiser Wilhelm unterwegs, begegnete wichtigen Personen  wie z. B. dem Außenministers Russlands kurz vor den Weltkrieg. Doch jetzt, wo die Krankheit sie selbst betraf, standen nun ganz andere Gedanken im Vordergrund

Nur mit Mühe hatte Karen den Arzt davon abhalten können sie gleich dort zu behalten. Er ließ sich schließlich erweichen und noch einmal nach Hause gehen um das Nötigste zu regeln, verdonnerte sie aber dazu eine FFB2 Maske zu tragen bis zum Nachmittag. Dann würde er so tun, als ob sie eben erst gekommen wäre. Das versöhnte sie etwas mit seiner nassforschen Art bei der Diagnoseeröffnung.

Sie wurde in einem Einzelzimmer untergebracht, Hygienemaßnamen vorne und hinten, alles, was sie anfasste, musst desinfiziert werden, man müsse davon ausgehen, dass es eine offene Tuberkulose sei. Daher die strengen Vorsichtsmaßnahmen, die das Gesundheitsamt vorschrieb. Dazu gab es einen großen Medikamentencocktail.

Karen ließ alles über sich ergehen. Nach ihrer anfänglichen Bestürzung, beobachtete sie das Treiben um sie herum merkwürdig unberührt. Dabei fühlte sie sich nicht allzu schlecht. Das Husten blieb noch eine Weile, auch dass sie nachts das Nachthemd wechseln musste, aber Schmerzen hatte sie nicht. Nur die große Müdigkeit wollte nicht weichen. Sie las viel, aber oft fielen ihr die Augen zu und sie musste das Gelesene nachlesen, weil die Gedanken abgeschweift waren. Sie informierte sich über die berühmten Menschen, die auch unter dieser Krankheit gelitten hatten. Dass Goethe und Schiller dazu gehörten, war ihr nicht geläufig, ebenso Chopin und Dostojeweski. Wie viele Werke wurden nicht geschrieben oder komponiert wegen einer Erkrankung, sinnierte sie. Auch wegen der Syphilis, die gerade unter Künstlern weit verbreitet war. Was hätte Mozart sonst noch alles komponiert!! Und wenn es nicht die Krankheit selbst war, an der sie zugrunde gingen, dann oft genug die Kurierversuche unwissender Medizinmänner. Von Ludwig dem XIV weiß man, dass die Leibärzte seine Majestät derart mit Einläufen, Abführmitteln und Aderlässen zugesetzt hatten, dass ihn - schließlich der mächtigste Herrscher seiner Zeit - immer ein diskreter Hauch von ‚Pipi' und ‚A-A' umgab. Molière wollte mit der Komödie vom „eingebildeten Kranken" seinem König einen Dienst erweisen. Doch vergeblich, der nahm seine Leiden mit ins Grab.

Was wäre, überlegte Karen, wenn auch ihr Leben jetzt enden würde? Wer würde sie oder irgend etwas von ihr vermissen? Kinder hatte sie keine, ihren Mann auch nicht mehr. Freunde? Ja, ein paar die Kollegen im Amt. Die waren nett, aber was weiter? Ein besonderes Lebenswerk hinterließ sie auch nicht. Sie war völlig unbedeutend. Die Einsicht fuhr ihr gehörig in die Glieder.

Die Ärzte wunderten sich, dass es nicht weiter aufwärts ging mit ihr und schlugen eine Erholungskur vor. Infektiös war sie nicht mehr, aber von einem normalen Leben weit entfernt.

Karen schaute vor der Abreise zu Hause nach dem Rechten, Ihre Blumen hatte die Nachbarin übernommen, Ihre Post - spärlich genug - ließ sie sich sowieso nachsenden, laufende Zahlungen waren automatisiert. Ansonsten vermisste sie keiner. Gehörte sie überhaupt noch hierher, fragte sie sich, als sie die Wohnungstür zuschloss? Nur den alten Onkel gab es noch. Auch er kinderlos. Vielleicht dass er sich deshalb besondere Gedanken um sie gemacht hatte.

Kaum an ihrem Kurort im Hotel angekommen lag ein Brief für sie beim Portier. Anschrift und Absender säuberlich mit einer etwas steilen Handschrift zu Papier gebracht, erheischten Aufmerksamkeit. Er war von ihrem Onkel. Woher wusste er die Adresse? Sie zögerte, ihn zu öffnen. Weshalb könnte er schreiben? Sie steckte das Couvert in ihre Handtasche, bezog im ersten Stock ihr Zimmer, mochte aber nicht bleiben und ging wieder hinunter. Sie nickte dem Portier zu und trat aus der Hoteltür. Gegenüber in der Grünanlage blühten die Tulpen. Ein Streifen von Perlhyazinthen schien wie ein Bach zwischen den Bäumen hindurch zu fließen. Auf den Kieswegen stand kein einziges Unkräutchen, sogar die Papierkörbe waren sauber und geleert. Der Park sowie das ganz Kurbad strahlten gepflegte Langeweile aus. Auf einer weißen Bank unter einer betagten Eiche ließ sie sich nieder um Luft zu holen, Die Kurzatmigkeit macht ihr noch zu schaffen.

Ihr Blick streifte über den großen Teich mit seiner hohen Fontaine. Die üblichen Enten schwammen auf dem Wasser, einige schon mit ihren Jungen im Schlepptau, aber immer in gehörigem Abstand zu dem fallenden Wasserstrahl, den der Frühsommerwind zur Seite hin verwehte. Drüben hinter den Alleebäumen schimmerten die Gründerzeitfassaden der Flaniermeile herüber, wo man sich in diesem Ort sehen ließ, um in den noblen Boutiquen zu stöbern oder beim Kaffee das Défilée der Kurgäste zu genießen. Sie alle hatten auch nichts Anderes zu tun, als die Zeit totzuschlagen.

Karen erinnerte sich an den Brief des Onkels und zog ihn aus der Tasche. Mit der Klinge des kleinen Taschenmesserchen, das sie immer bei sich trug, öffnete sie sorgfältig den Umschlag und nahm das Blatt heraus. Zu ihrer Überraschung fielen ihr zwei getrocknete Blütenblätter vor die Füße. ‚Ein Gruß von den Kletterrosen am Haus, die gerade so schön blühen!" hatte er auf den Rand geschrieben. Das freute sie. Sie hob die Blättchen auf und las. Sie war verwundert über die herzliche Ansprache des alten Onkels, der ihr doch kürzlich den Kopf gewaschen hatte! Er könnte sich gut vorstellen, wie ihr jetzt in der fremden Umgebung zumute wäre, schrieb er und schlug vor, ihre Stimmungen und Eindrücke mit ihm zu teilen. Er wolle das gerne auch tun, wenn sie einverstanden waäre. Sie haätte ja schließlich niemanden mehr, der sonst Notiz von ihnen nähme, Blut wäre eben dicker als Wasser! Karen war gerührt davon, was ihr aus diesen Zeilen entgegen strömte.

Er berichtete von einer Theateraufführung, die er kürzlich gesehen hätte, Amadeus, nach dem Film von Milos Forman und wie köstlich die Rollen der Hofschranzen besetzt waren, besonders toll der Darsteller des Salieri! Ob es denn dort auch ein Kurtheater gäbe? Sie müsse ihm unbedingt davon berichten. Auch von ihrem Zimmer – aber nicht fotografieren, das wäre zu einfach, würde der Fantasie zu wenig Raum lassen. Er sprach von seinen Gelenkschmerzen, aber die stellten eben den Tribut dar, den er gerne für sein langes Leben bezahle. Er schloss in der Hoffnung, dass sie ihm antworten würde, er wäre bereits jetzt darauf gespannt!

Karen ließ den Brief sinken und blickte über den Teich. Sie fühlte sich plötzlich viel kräftiger und der Park erschien ihr wesentlich freundlicher als eben noch. Die Entchen zogen noch immer über die Wasserfläche, eines war ein bisschen säumig oder neugierig zurückgeblieben, um dann aber rasch paddelnd Anschluss an die Geschwister zu suchen, kleine, putzige Flaumknäulchen im Wellenkeil der Mutter. Sie verspürte Lust sich unter die Passanten der Allee zu mischen und irgendwo einen Capucchino zu genießen.

Wann hatte sie das zuletzt einmal gemacht?

Später ging sie zu den Salinen, hörte dem Rieseln des Wasser zwischen dem Reisig zu und dachte an– nichts! - wie sie erstaunt feststellt. Kein Gedanke an Krankheit, Büro, selbst nicht an Frieder, der sie doch sonst auf Schritt und Tritt begleitete. Bei jedem Ereignis hörte sie im Inneren, was er dazu meinte. Dann fühlte sie sich nicht mehr so grässlich alleine.

Nun aber war Stille. Irgendwo schwatzten ein paar Passanten, eine Amsel pfiff ihr Liedchen vom Giebel der Saline, eine Windböe fuhr rauschend durch das Laub der Bäume. Wie lange schon war ihr so etwas nicht mehr aufgefallen?

Am Abend hatte sie erstaunlich guten Appetit, genoss das kalt-warme Buffet, mit kunstvoll geschnitzten Karottenröschen und Petersiliensträußchen und trank ein Glas Rotwein. Auch das hatte sie lange nicht gemacht. Und er schmeckte! Danach drehte noch sie eine Runde durch den Ort. Im Musikpavillon spielte das Kurorchester verstaubte Operettenmelodien aus vergangenen Zeiten, als die Bäder noch mondän und nicht nur von Kassenpatienten bevölkert waren. Sie registrierte amüsiert die Retro-Atmosphäre, die sogar die heutigen Kurgäste zu einer würdevolleren Gangart aninmierte.

Die Nacht verlief unruhig, sie schwitzte zwar kaum mehr, der Schwung von gestern Abend hatte sie aber lange wachgehalten und der Morgen zog bleiern herauf. Die Leichtigkeit von gestern erschien ganz unwirklich.

Auf dem Kurplan standen Anwendungen mit Packungen und Geräten, die sie nicht verstand und auch keinerlei Lust verspürte sie verstehen zu lernen. Sie ließ es an sich vorbeirauschen. Später eine Gruppensitzung. Thema: Gestaltung eines lebenswerten Lebens nach der Erkrankung. Die neun Teilnehmer, vier Männern und fünf Frauen brachten etwas Abwechslung mit, jede bzw. jeder gab einen Kurzbericht über sein Leben und Leiden ab. Zwei der Teilnehmer hatten auch Tb gehabt hatten wie sie, beide aus

Köln, beide karitativ tätig. Vielleicht war es zum Infekt gekommen durch der Kontakt mit den Flüchtlingen, in deren Heimatländern die Krankheit noch nicht ausgerottet ist? Tashima, eine junge tibetische Nonne fiel ihr ein, die unter dramatischen Umständen aus ihrem Land geflohen war. Auch in Tibet grassiert die Tb noch. Sie hatte die junge Frau länger begleitet, bis sie endlich hier arbeiten durfte. Dann riss der Kontakt ab.

Karen nahm zu Mittag nur einen Yoghurt und ein paar Früchte zu sich und legte sich ein Weile auf's Ohr, eine neue Angewohnheit seit der Krankheit. Sie tat ihr gut. Früher hatte sie andere deswegen belächelt. So ändern sich die Zeiten. Weil ihr Lesestoff ausging, wollte sie am Nachmittag zu einer Bücherei. Ein Kindle Reader ist zwar praktisch, aber sie mochte ihn nicht, fand das Lesen damit zu anstrengend. Und wenn man etwas nachschlagen wollte, verfranzte man sich jedes Mal beim Suchen. Dagegen war ein Buch etwas ganz anderes. Es in der Hand zu halten und Seite für Seite umzublättern, war jedes Mal ein kleiner Erfolg; wieder ein Stück geschafft! Manchmal steckte sie einen Finger zwischen die Seiten um wichtige Sätze nachlesen zu können, mitunter hatte sie alle Finger im Buch. In einem Band über die geistige Herkunft des Menschen war sie wenigsten viermal zur gleichen Stelle zurück gekehrte. Da stand ein Satz, wie in Stein gemeißelt! „Bereschit bara elohim et ha schamajim ve et ha erez." „Im Anfang erschuf Gott Himmel und Erde." Der archaische Klang der hebräischen Worte hatte es ihr spontan angetan. Was für ein Satz! Alle Rätsel und Geheimnisse über unsere Herkunft und unser Sein zusammengefasst in sieben Worten, wie die sieben Schöpfungstage. Wenn sie das „Bereschit bara elohim..." aussprach, überkam sie jedes Mal ein kleiner Schauer.

In der Hotelhalle lief ihr Roger über den Weg, einer der Tb-Patienten aus der Gruppe. Er stand wie Falschgeld in der Gegend herum und hatte offensichtlich keinen Plan. Sie nickt ihm zu, er grüßte freundlich zurück und schloss sich ihr wie selbstverständlich an. Die Idee mit der Bücherei fand er glänzend und gemeinsam verließen sie das Foyer.

Roger mochte ein paar Jahre jünger sein als sie, war etwas fahrig, als ob ihn die Welt um ihn herum nicht sonderlich interessiere. Sehr gesprächig wirkte er nicht. Karen musterte ihn heimlich von der Seite und meinte in seinem Gesicht etwas von Abwesenheit oder Trauer zu lesen.

In der Bibliothek angekommen angelt sie sich zwei Bücher von Lydia Beneke heraus über die Psychologie des Bösen: ‚Auf dünnem Eis' und ‚Psychopathinnen' .Solche Themen interessierten sie. Roger war unentschlossen. Sie empfahl ihm die Biografie von Wolfgang Niedecken und der Band BAP, da er ja auch aus Köln stamme. Das sagte ihm zu. Früher hätte er selbst Musik gemacht in einer Studentenband. Dann war ihr Gespräch schon wieder erstorben.

Eigentlich wollte sich Karen mit ihrem Lesestoff nun an ein ruhiges Plätzchen verziehen und schmökern, aber Roger trottete so selbstverständlich neben ihr her und sie landeten in einem der Straßencafés.

Gesprächig war er immer noch nicht. Um die Stille nicht zu groß werden zu lassen erkundigte sie sich, wo er in Köln wohne. Sie kannte die Stadt ganz gut von einigen Fortbildungskursen. „In Deutz" meinte er, „der scheel Sick", wie die echten Kölner das ‚Ausland' jenseits des Rheins bezeichneten. Dazu lacht er ein bisschen und wirkte jungenhaft sympathisch. Den kleinen Lispeler beim „S" der „Sick" fand Karen amüsant. Es stellte sich heraus, dass er Lehrer für Physik und Chemie war. Aber geliebt hätte er den Beruf nie und mit der Erkrankung wurde er natürlich sofort vom Schuldienst suspendiert. Das kam ihm nicht ungelegen. In Karen erwachte langsam die Neugier, sie fragt nach. Seine Eltern hätten ihn zur Pädagogik gedrängt, erklärte er, von irgendetwas müsse man ja leben.- Was seine wirklichen Interessen wären? - „Kunst." so sein knappe Antwort. - „Welche Art von Kunst genau?" „Bildhauerei." beschied er sie. Wieder nur ein einziges Wort.

Karen wurde der Dialog zu einsilbig und sie verabschiedete sich, um sich den Büchern zu widmen.

Nach dem Abendessen verzog sie sich unter die Eiche in der Anlage und schlug ‚die Psychopathinnen' auf. Doch zu mehr als der ersten halben Seite der Einleitung reichte ihre Konzentration nicht. Der einsilbige Roger ging ihr im Kopf herum. Was wohl hinter seiner spröden Schweigsamkeit steckte? Mit dem kurzen Lachen bei der ‚scheel Sick' war eine ganz andere Seite aufgeleuchtet, etwas, das aber unter einem Berg von Düsternis begraben lag. Sie verspürte Lust sich mit jemandem darüber auszutauschen. Zurück im Hotel beantwortete den Brief des Onkels.

Sie beschrieb das Zimmer, das französische Bett, den Ausblick von ihrer weißen Bank im Park, das Operettenkonzert und ihre Gedanken über Roger. Er hatte etwas in ihr angesprochen, doch sie wusste nicht was. Vielleicht waren es die Augen, der umflorte Blick, der ein Geheimnis zu beherbergen schien. Sie schloss den Brief mit vielen lieben Grüßen, einer Formulierung, die sich spontan eingestellte hatte, obwohl sie den Onkel doch eigentlich wenig kannte. In der Lounge ließ sie sich eine Briefmarke geben und steckte das Couvert noch am Abend in den Kasten.

Roger traf sie erst zwei Tage später bei dem Kurs wieder. Auf dem Weg dorthin fand sie auch schon eine Antwort ihres Onkels im Fach. Diesmal öffnete sie den Umschlag sofort.

Er bedankte sich, dass sie ihn an ihren Gedanken und Gefühlen teilnehmen ließ und war neugierig, was es mit diesem Roger auf sich hätte. Dann berichtete er von einer Kunstausstellung über van Gogh im Frankfurter Städel, einer großartigen Darstellung die das Leben des Malers und seine Beziehung zum Bruder erhellte, der ihn ein Leben lang unterstützt hatte. Zum Schluss berichtete er noch von einer Museumsbekanntschaft, einer in Kunst bewanderten Damen, mit der er ein schönes Gespräch im Café geführt hätte. Das seien die kleinen Geschenke des Alltags, von großen Erwartungen und Hoffnungen gelte es im Alter sowieso Abschied zu nehmen. Damit schloss er für heute.

Nach der Fortsetzung des Kurses in Lebenshilfe gingen die Teilnehmer rasch auseinander. Roger zögert unschlüssig, wie schon vorgestern in der Halle. Karen sprach ihn an, er war erfreut und gemeinsam suchten sie diesmal direkt das Café auf. Draußen nieselte es. Sie unterhielten sich über den Kurs und die gut gemeinten Empfehlungen der Leiterin, etwas bieder, dem Niveau der Durchschnittspatienten angepasst. ‚In sich gehen und die wirklichen Bedürfnisse erkunden und befriedigen' - was machte man mit so einem Satz?? Und das ‚carpe diem', den Tag auskosten, war auch keine neue Offenbarung. Karen erzählte von den Briefen ihres Onkels, der sich darin nach der Art von Rogers Kunst erkundigte. „Büsten." meinte er. „Oder abstrakt." Die Ein-Wort-Antworten war sie nun schon gewohnt. Dann wurde er gesprächiger. Besonders Frauenkörper hätten es ihm angetan, nicht die naturalistischen Abbildungen, sondern das Typische: Formen, die jedoch jedem gleich signalisierten: Weibliches. Beim Reden darüber taute er richtig auf, Er beschrieb die Materialien, aus denen er seine Werke fertigte und Karen sah an seinen Händen, dass sie die Konsistenz des Materials und seine Oberflächen körperlich spürten.

Er hatte schöne Hände, feingliedrig und ausdrucksstark. Karen wunderte sich über ihre Wortwahl. Was war bei Händen ausdrucksstark?? Die Art der Bewegungen vielleicht? Jeder Finger schien sein eigenes Programm zu haben, wusste, wie der Ton zu drücken, zu drehen oder zu ziehen war um die Form herauszuarbeiten. „Sie arbeiten ohne Werkzeuge?" fragte sie. Er war verdutzt. „Woher wissen sie das?" „Die Hände!" sagte sie und wies mit dem Kopf in deren Richtung. Er blickte auf und sah sie zum ersten Mal genauer an. Er hatte graue, forschende Augen. Sein Blick war durchdringend, aber nicht unangenehm. „Warum mögen sie eigentlich ihren Beruf nicht?" „Das ist eine längere Geschichte" meinte ausweichend und Karen fiel wieder das „S" auf, bei dem er mit der Zunge anstieß. Als ob mit der Erwähnung des Berufs ein Schatten herabgefallen wäre, wirkte er wieder verschlossen und verabschiedete sich bald.

Am Abend antwortete sie ihrem Onkel: schrieb über Van Gogh und den ganzen Impressionisten - wer mochte sie nicht? - und dass es vor Ort eine Kunsthalle gäbe, in der eine Wanderausstellung angekündigt wäre. Sie würde nächstens darüber berichten. Dann kam sie auf Roger zu sprechen und seine Beschreibungen des Weiblichen in seiner Urform, Das hatte sie sehr zum Nachdenken animierte. Er hatte seine Bildwelten und sie ihre Sprachwelten, ‚Phantasieuniversen' dachte sie. Ideen, die gestalten, ob nun Gipsfiguren und Steingrazien, oder Sprachrhythmen und besonderen Wortsphären. Das Formulieren machte ihr Spaß. Erstaunt registrierte sie, dass sie die ganze Zeit über nichts mehr von ihrer Schwäche empfunden hatte.

Das Briefeschreiben mit dem Onkel wurde zur festen Gewohnheit. Alle zwei Tagen wechselten Couverts den jeweiligen Besitzer. Sie hätte nie geglaubt, dass ihr Onkel so witzig sein könnte, aber auch so einfühlsam. Darum wunderte sie sich auch gar nicht, als er auf Roger zu sprechen kam und meinte, dass er ihr anscheinend etwas bedeute. Auf diese Idee war sie noch nicht gekommen, aber jetzt, wo Onkelchen Lunte gerochen hatten, war klar, dass er Recht hatte.

Dem Kurs, bei dem sie Roger verlässlich traf, sah sie jetzt erwartungsvoll entgegen und der gemeinsame Gang zum Café gehört bereits zum Normalprogramm. Sie wusste inzwischen, dass er in der Schule eine schweren Stand gehabt hatte, von den Schülern belächelt wegen des Lispelns und nicht ganz ernst genommen, so dass es in der Klasse oft drunter und drüber ging. Bis zu dem Tag, als die Freizeit-AG des Kunsterziehers, (ein früher Boxer, der sich absolut nicht die Butter vom Brot nehmen ließ!) - dem Tag also, an dem die AG eine Ausstellung ihrer Erzeugnisse in der Aula der Schule veranstaltete. Auch Roger steuerte mit Einverständnis des Kollegen drei seiner Werke bei. Einen weiblichen Granit-Torso von vielleicht 70 cm Höhe, ein paar sehr ungewöhnliche, fordernde Hände, die den Betrachter magisch anzuziehen schienen und eine abstrakte Skulptur von fast zweieineinhalb Meter Höhe. Der weiße, glänzende Marmor stellte genau dieses Urweibliche dar, von dem er so lebhaft gesprochen hatte. Völlig unerwartet erregte er damit beträchtliches Aufsehen. Die Jugendlichen waren verblüfft. Sie sahen ihren belächelten Lehrer plötzlich mit ganz anderen Augen und seine Geschichte sprach sich herum. Von da an nahmen selbst die Rowdys in der Klasse Rücksicht auf ihn („Lasst doch die arme Sau!") und sein Leben in der Schule wurde erträglicher.

Die Briefe an den Onkel wurden immer länger. Sie schrieb über den Besuche der Kunsthalle mit Roger, die Ausstellung einer jungen Künstlerin mit Gemälden des intuitiven Malens, aber auch Rauminstallationen von bedrückender Dichte. z.B: Schnüre, in Dutzenden von Knoten verschlungen, die ein ganzes Zimmer durchzogen. Jeder Knotenpunkt umschlang Figuren, Fragmente, Alltagsgegenstände, Zeitungen, deren Schlagzeilen noch lesbar waren und jedes stand irgendwie in Beziehung zu allen anderen. Dazwischen konnte man sich hin und her bewegen, hindurch schlüpfen, hautnah die Verstrickung erleben.

Roger meinte, genau so fühle er sich. Ohne dass Karen ihn gedrängt hätte, fing er an von seiner Familie zu erzählen. Seine Frau, an der er noch immer hing, hatte ihn vor ein paar Jahren verlassen und die Tochter mitgenommen, ohne dass es eigentlich ein wirkliches Zerwürfnis gegeben hätte; sie blieben sich freundschaftlich verbunden, trotzdem schmerzte die Trennung. Roger argwöhnte, dass ein Erlebnis in der Kindheit es ihr unmöglich gemacht hatte, einer Beziehung ganz zu vertrauen. Vor zwei Jahren war sie dann an Krebs gestorben. Sie hatte ihm nur ihr Leiden ersparen wollen! Roger stürzte in der Folge in eine tiefe Depression, zumal seine Tochter aus nicht nachvollziehbaren Gründen meinte ihm die Schuld am Tod der Mutter geben zu müssen. So sahen also die Schatten aus, die Karen schon zu Anfang in seinen Augen bemerkt hatte.

Der Kommentar ihres Onkel zu Rogers Geschichte berührte sie nochmals sehr. Er beschrieb, wie er in jungen Jahren eine Zeit lang in einer Beziehung zu einem schwierigen Mädchen stand, einer Anthroposophin, die den Glauben an die Wiedergeburt wohl als Freifahrtschein für ein weiteres Leben missverstanden hatte. Sie war ständig auf der Suche nach einem Patentweg für ihr Leben, aber fand ihn nicht. Auch seine Versuche ihr zu helfen fruchteten nichts, Sie trennten sich und einige Zeit danach erfuhr er von ihrer Schwester, dass sie nach weiteren Irrwegen ihrem Leben selbst ein Ende gesetzt hatte. Das bewegte ihn noch heute. Welche tief eingeprägten Gedanken und Glaubenssätze mögen wohl in jedem von uns schlummern und uns leiten oder auch zu allem Möglichen v e r leiten, dachte Karen?

Als die Kur zwei Wochen später endete, hörte das Briefeschreiben nicht auf. Der Austausch mit ihrem alten Onkel war ein wichtige Bestandteile ihres Lebens geworden. Auch der Kontakt zu Roger blieb erhalten. Sie wohnten nicht allzu weit von einander entfernt und wie zur Zeit der Kur trafen sie sich regelmäßig zum Kaffee und zum Reden: über die bildende Kunst und die Kunst der Sprache und den inneren Antrieb, der sie drängte eine Spur des eigenen Lebens zu hinterlassen.

Der Stapel von Briefen des Onkels wurde allmählich höher und Roger nahm darin eine gewichtige Rolle ein. Als sie einmal in einem Schreiben darauf zu sprechen kam, schrieb der Onkel unvermittelt: „Warum machst du kein Buch daraus?" -

- Ihr Erstling wurde ein Achtungserfolg! Die Lokalpresse schrieb freundlich darüber und bestätigten sie, weiter zu schreiben. Der Onkel gratuliert ihr mit einem riesigen Blumenstrauß. Es folgten Lesungen in Buchhandlungen, in der Klinik des Kurbades, in dem sie sich kennen gelernt hatte, im philosophischen Zirkel der VHS und Roger begleitete sie überall hin.

Ihre Krankheit war endgültig geheilt, bestätigten die Ärzte. Das Andenken an Frieder war jetzt nur noch schön und tat nicht mehr weh. Und Roger hatte sich nachhaltig in ihrem Alltag eingenistet. Wenigsten einmal im Jahr begaben sie sich zur Erholung in das Kurbad, zur Erinnerung an einen Husten und seine Folgen!

# Gefühle

*18.2.2023*

Zu kostbar um sie zu verlieren,
wie fangen, wie verfügbar sein?
Die Wimpel, die im Wind vibrieren,
der warmen Feuer Widerschein?

Ein Wort vielleicht, eine Erregung,
und es berührt das Gleichgewicht,
setzt das Starre in Bewegung,
Gestalten steh'n dem Gegenlicht,

ins Jetzt und Hier herauf beschworen,
die nun das Herz am Pochen halten.
Die Vorsicht hat den Wert verloren.
Das Leben selbst will dich verwalten.

Die Zeit dehnt sich zur Ewigkeit,
das Fühlen lehrt die Füße fliegen
und die Brust wird leicht und weit.
Ein Himmel will sich an dich schmiegen!

# Hector

Hector war ein Spitz-Pudel-Dachs-Schnauzer - so würde mein Vater ihn wohl bezeichnet haben – also eine repräsentative Mischung der gängigen Hunderassen unserer Zeit. Kein Wunder, denn er hatte in dem Dorf in Spanien, wo er eingefangen wurde, die ersten Monate seines Lebens frei und unabhängig gelebt, genauso frei und ungebändigt wie seine Streuner- Eltern, von denen es einige in dem Ort gab. Bis ihn ein Motorradfahrer angefahren und verletzt hatte. Eine mitleidige alte Frau hatte sich seiner angenommen und ihn gepflegt, solang er verwundet war. Dann wurde es ihr zu viel und sie übergab ihn einer Tierschutzorganisation, die Adoptionen nach Deutschland vermittelte.

Mit seinen Schlappöhrchen, dem Ringelschwanz und seinem rostrot getigerten Fell war er ein Hund, wie man sich eben einen Hund vorstellte: Nicht zu winzig – keine Rennratte, wie mein Vater über zu klein geratene Exemplare zu spotten pflegte, - und auch kein Kalb, das dem Besitzer die Haare vom Kopf fraß, sondern etwa kniehoch, gerade eben richtig: ein Hund! Dazu hatte er den berühmten Hundeblick drauf, dem keiner widerstehen konnte, und das in einem solchen Maße, dass er Frauen immer wieder den Ausruf abnötigte: Ach, wie niedlich! Aber das war er keineswegs. Im Gegenteil er konnte unverhofft sein Gebiss zeigen, knurren und das Fell im Nacken sträuben, wenn sich jemand zu plötzlich oder zu ruppig dem Kinderwagen von Nele näherte. Denn Nele war sein Augenstern. Schon als ganz kleines Baby, kaum dass sie krabbeln konnte, war er um sie herum gewuselt, hatte sich von ihr an den Ohren ziehen und zwischen die Zähne greifen, lassen, dass es Nadja, ihrer Mutter, ganz anders wurde. Doch Hector ließ sich alles, aber auch wirklich alles von dem Kind gefallen. Und seit sie alleine laufen konnte und dann im Sportwägelchen saß, war er für sie das absolute Lieblingsspielzeug. Mit ihm an Neles

Seite konnte Nadja auf dem Spielplatz in Ruhe mal in ein Buch schauen - Hector passte auf! Sonst kam sie leider zu wenig dazu. Für eine alleinerziehende Mutter ist die Zeit immer knapp. Von Ihrem Freund hatte sie sich getrennt, noch ehe sie wusste, dass sie schwanger war. Hendrik hieß er, war ein Spinner, ein Träumer, ein Fantast, nichts womit eine Frau ein Leben aufbauen könnte. Er wollte Schriftsteller werden, weil ein Cousin in dem Genre plötzlich bekannt und erfolgreich geworden war. Er meinte, das müsse bei ihm auch so laufen, tat es aber nicht. Seine Geschichten wirkten aus ihrer Sicht zu gewollt und konstruiert, eben nicht gekonnt. Das machte den berühmten Unterschied aus: Kunst kommt bekanntlich von ‚Können'! Käme sie von Wollen, hieße sie ‚Wulst'! Für seine Wunschträume hatte er sein Germanistik-Studium geschmissen und weiter nichts mehr getan, als Literatur zu produzieren – zumindest glaubte er das. Doch auf Dauer wollte Nadja seine aussichtslosen Bemühungen mit ihrem knappen Erzieherinnengehalt nicht mehr finanzieren. Das Geld war der Hauptgrund für ihre sich häufenden Differenzen. Immer wieder hatten sie es miteinander versucht. Das letzte Mal, nach einem größeren Streit. Es sollte eigentlich eine Versöhnung werden, aber endete damit, dass sie ihn anschrie, dann solle er doch endgültig aus ihrem Leben verschwinden. Was er dann auch tat.

Doch sie war schwanger. Und noch bevor sie es wusste, erschien zu allem Überfluss Hector auf der Bildfläche. Eine Freundin beabsichtigte einen spanischen Hund zu adoptieren, konnte sich aber zwischen zweien nicht entscheiden. Beide waren liebenswerte Geschöpfe und als die Freundin dann den einen nahm, blieb der andere bei ihr. Warum auch nicht? Sie hatte Gesellschaft und er kostete weniger, als sie für Hendrik ausgegeben hatte. Helga, ihre Mutter war ebenfalls davon angetan, denn sie fühlte sich seit dem Tod ihres Mannes sehr allein und weil sie im gleichen Haus wohnte, konnte sie tagsüber wunderbar den kleinen Racker nehmen, während Nadja arbeitete.

Hector führte von da an abwechselnd die beiden Frauen Gassi. Die meinten zwar noch immer, dass sie bei ihm das Sagen hätten. Doch Hector wusste das besser. Wenn er etwas wollte, zum Beispiel raus, gab es solange kein Halten, ehe er seinen Willen bekam. Dann tobte er draußen ein paar Straßenzüge weiter über die Hundewiese oder wenn sie einmal rausfuhren, über die Felder. Zwar hatte Nadja versucht ihm in einer Hundeschule Manieren beizubringen und er gehorchte auch ganz leidlich. Doch draußen im Freien wurde es schwierig. Sein alter Streuner-Instinkt kam dann hoch und falls er irgendwo gar ein Kaninchen entdeckte, gab es kein Halten mehr. Nadja hielt stets die Luft an, dass nicht ein wild gewordener Sonntagsjäger auf ihn schoss, wie sie es schon in der Zeitung gelesen hatte. Wenn er endlich zurückkam, schimpfte sie ihn zwar aus und ließ ihn „Sitz“ machen, er gehorchte schuldbewusste, schaute sie aber wieder mit seinem geübten Hundeblick an – und Frauchen schmolz dahin!

Einmal saß sie mit einem Buch im Park. Es war Samstagnachmittag, sie hatte frei, die Sonne schien und die Bäume bekamen schon junge Blätter. Nele buddelte mit anderen Kindern im Sandkasten. Nadja stellte sich vor, wie schön es wäre, wenn sie nicht nur Kind und Hund und Mutter und Arbeit hätte, sondern... und in ihren Träumen fand sie sich in einem ganz anderen Leben wieder. Sie musste tief Luft holen und ließ das Buch sinken. Ein Mann auf der Bank nebenan bemerkte es und sprach sie an. Er war vielleicht Anfang dreißig, dem Kinderwagen nach zu schließen auch ein Vater und sah ganz passabel aus. Sie war dankbar für die Abwechslung und ließ sich auf eine Unterhaltung ein; über den Park, die offensichtlich neu aufgestellten Spielgeräte, das Wetter und er erzählte, dass er zum ersten Mal hier wäre und überrascht, wie schön aufgeräumt die Anlage aussähe, ein Wunder bei dem verbreiteten Vandalismus überall. ‚Wenn es den Jugendlichen nicht so gut ginge und sie für ihren Lebensunterhalt richtig arbeiten müssten,‘ meinte er, ‚sähe das bei uns mit Sicherheit anders aus‘. Nadja widerstrebte es, dass er wie so viele jede Unordnung pauschal auf verwahrloste oder gelangweilte Jugendliche schob, aber sie kam zu keiner Antwort, weil Hector angeschossen kam, gerade als ob er sich vergewissern wollte, dass seine Frauchen noch da war. Gewöhnlich verzog er sich dann gleich wieder. Diesmal aber blieb er neben Nadja‘s Bank stehen und knurrt vernehmlich in Richtung des Mannes nebenan. „Aus!“ herrschte Nadja ihn an. Der Mann war ein Stück zur Seite gerutscht und schaut irritiert. „Ich weiß nicht, was er hat. Das kenne ich nicht bei ihm.“ Sie zuckte mit den Schultern. Hector hatte aufgehört zu knurren, legte sich aber nahe ihrer Füße nieder und behielt den fremden Mann unverrückt im Blick. „Ich mag Hunde nicht so sehr,“ sagte der, „bin als Kind einmal gebissen worden.“ „Ach so, Vielleicht spürt er das “ entgegnete sie. Inzwischen kam ein kleiner Junge von vielleicht zweieinhalb Jahren angelaufen und gleich dahinter eine schnaufende Frau, „Mein Neffe;“ sagte der Fremde. Das Kind hatte ein ziemlich schmutziges T-Shirt an und die korpulente Frau sah aus, als hätte sie vor Jahren zum letzten Mal auf ihr Äußeres geachtet. Nadja wunderte sich. Im Gegensatz dazu wirkte der Mann sehr gepflegt.

„Sind sie öfters hier? fragte er. „Vielleicht trifft man sich ja mal wieder,“ Im Aufstehen machte er einen kleinen Schritt auf Nadja zu und schon stand Hector auf seinen vier Pfoten und knurrte. „Aus!“ sagte Nadja wieder und Hector gab Ruhe. „Ja, vielleicht!“ entgegnete sie. Er nickte ihr noch einmal zu und wandte sich zum Gehen. Sie brach ebenfalls auf. Insgeheim nahm sie sich vor, öfters in den Park zu gehen.

Die neue Woche hatte es in sich. Nele bekam ein Zähnchen und quengelte, ihre Mutter lag mit Migräne im Bett und fiel beim Hund- und Babysitting aus. Sie musste deswegen eine Freundin bitten auf Nele aufzupassen, aber auch die Freundin war anstrengend, Als Hausfrau hatte sie wohl zu wenig Abwechslung und wollte sich bei dieser Gelegenheit ausgiebig mit ihr unterhalten. Normalerweise war Nadja sehr geduldig, aber das ewige Rücksichtnehmen nach allen Seiten, auf die Befindlichkeiten in der Kita, die kleinen oder größeren Wehwehchen ihrer Mutter einschließlich der Bedürfnisse von Nele und Hector, das war im Moment einfach zu viel. Sie sehnte das Wochenende herbei um durchatmen zu können. Am Samstag nahm sie Kind und Hund und trollte sich in Richtung Spielplatz. Ob vielleicht der freundliche Nachbar von letztens wieder dort wäre, dachte sie?

Im Park angekommen war es leerer als sonst und nicht sehr warm, die Sonne versteckte sich hinter Wolken. Daher gab es auch keine Spielkameraden für Nele, nur einige größere Kinder tobten um das Klettergerüst herum. Sie musste sich schon selbst in den Sandkasten setzen um Nele bei Laune zu halten, denn das Zahnproblem war immer noch nicht durch. Ab und zu fegte ein böiger Wind über den Platz. Vom Banknachbarn von letztens war nichts zu sehen. Was soll's, dachte sie und zog die Jacke fester um die Schultern. Schön war das Wetter wirklich nicht und zu allem Überfluss fielen jetzt ein paar Tropfen vom Himmel. Also packte Nadja ihr Kind in den Sportwagen, obwohl es protestierte, pfiff Hector aus dem Unterholz zurück, leinte ihn an und machte sich auf den Heimweg.

Beim Einbiegen auf die Straße sah sie keine zehn Meter vor sich auf der anderen Straßenseite ihren Gesprächspartner von voriger Woche. Er war allein, hatte sie ebenfalls entdeckt und winkte ihr zu. „Wie schön sie zu sehen!" sagte er, als er über die Straße kam. „Ich hatte gehofft, sie hier zu finden". Nadja war verblüfft von seiner Offenheit, verschwieg aber geflissentlich ihre eigenen Gedanken. Hector knurrte in Richtung des Mannes, Nadja hielt ihn kurz. „Darf ich sie ein Stück begleiten?" fragte er.

Sie liefen ein Stück die Straße entlang in Richtung Busbahnhof, Hector vorweg, der Mann neben Nadja und Nele's Sportwagen, fast wie ein geübtes Elternpaar.

„Entschuldigung, ich heiße Hoffmann, Roland Hoffmann," stellte er sich vor. „Fischer." sagte sie. „Nadja" setzte sie auf seinen fragenden Blick hinzu. „Sehr erfreut“ antwortete er ganz konventionell. „Ich bin noch nicht lange wieder hier, nur zu Besuch bei meiner Schwester. Sie haben sie ja letztens gesehen. Ihr geht es nicht so gut.“ Nadja war in Versuchung zu sagen, ‚Das sieht man‘, behielt es aber für sich. Sie kamen an einer Bäckerei vorbei. Ein paar Tische und Stühle standen unter der Markise vor dem Schaufenster. „Darf ich sie vielleicht zu einem Kaffee einladen?“ Nadja zögerte einen Augenblick, besann sich dann und sagte „Warum nicht?“ und sie setzten sich. Hector, der sich sonst unter den Tisch zu verziehen pflegte, blieb aufrecht wie ein Grenadier neben Nadjas Stuhl sitzen. Roland Hoffmann besorgte Kaffee und zwei Streuseltaler. Seine Schwester sei von ihrem Mann verlassen worden, erzähle er, und sie stünde nun mit den drei Kindern mittellos und ohne Beruf da. Leider könne er zur Zeit auch nicht viel für sie tun, denn er stecke in der Vorbereitung zu einem größeren Projekt, das all seine Aufmerksamkeit und Mittel binden würde. Was das wäre, sagte er nicht, nur dass es eine große Chance darstellte. Vorsichtig erkundigt er sich nach Neles Vater und Nadja speiste ihn mit einem kurzen „Den gibt’s nicht!“ ab. Ihr Gegenüber registriert es aufmerksam.

Sie redeten über einige Alltäglichkeiten. Nadja ließ ein Stück Streuseltaler fallen, sehr zu Hectors Freude. Als Roland es absichtlich-unabsichtlich nachmachte, verschmähte Hector den Bissen. Nadja wunderte sich. Allzu viel konnte sie über ihren Gesprächspartner nicht in Erfahrung bringen. Bei direkten Fragen schweifte er ab und erzählte lediglich von seinen Plänen, von denen es genug gab. Alle drehten sich um Bauvorhaben. Im Nu war eine halbe Stunde verflogen und Nadja meinte, dass sie nach Hause müsse. Er wollte sie begleiten, aber sie wehrte ab. ‚Vielleicht könnte man sich ja einmal treffen‘, warf er betonte beiläufig hin. „Vielleicht!“ gab Nadja zurück, wollte sich aber auf nichts festlegen.

Zu Hause ärgerte sie sich nicht darauf eingegangen zu sein. ‚Was hast du schon zu verlieren? Der ist nett und schaut gut aus. Du warst doch früher kein Kind von Traurigkeit. Wirst du jetzt zickig, nur weil du Mutter bist?‘ Sie war richtig unzufrieden mit sich. Nachdem Nele am Abend endlich eingeschlafen war, setzte sie sich ins Wohnzimmer und goss sich ein Glas Rotwein ein. Eigentlich wollte sie den Tatort aus Münster sehen, den die Zeitung so hochgelobt hatte, aber sie ertappte sich immer wieder, dass die Gedanken abschweiften in den Park und die Bäckerei und dachte, was für ein Esel sie doch gewesen wäre die Gelegenheit nicht am Schopf gepackt zu haben.

Den Donnerstag Nachmittag hatte sie sich frei genommen für einen Termin beim Frauenarzt. Nele und Hector blieben bei ihrer Mutter. Nach dem Besuch bei Dr. Becker („Alles in Ordnung, wie immer !“) gönnte sie sich noch einen kleinen Schaufensterbummel in der Stadt. Diesmal konnte kein Hector knurren, als ihr in der Fußgängerzone Roland Hoffmann über den Weg lief. Er wirkt einen Augenblick irritiert, fasste sich aber rasch und begrüßte sie wie eine alte Bekannte. Dann kehrte er ohne langes Fragen mit ihr im ‚Alten Brauhaus‘ ein. Nadja ließ es geschehen. Roland hatte schön geschwungene, braune Augen, stellte sie fest, die öfters die Umgebung zu checken schienen. Im Inneren registrierte sie, dass sie ihn schon mit dem Vornamen bedachte. Er war Ende dreißig, wie er sagte, wirkte aber jünger. Man konnte sich gut mit ihm unterhalten und er hörte interessiert zu. Das hatte sie schon lange vermisst. Auch wenn sie über Schwierigkeiten mit Nele sprach, die nun in die Trotzphase kam und ihr Köpfchen durchsetzen wollte, sprang er sofort darauf an und gab einfühlsamen Kommentare ab. „Gebote sind für Kinder wie Leitplanken auf dem Weg ins Leben. Zwar stoßen sie sich daran, aber sie verhindern, dass sie abstürzen“ zitierte er sinngemäß den Kinderbuchautor James Krüss. Roland gab ihr das Gefühl wichtig zu sein und es richtig zu machen. Das tat gut, wo sie sonst im Alltagsstrudel manchmal an sich und ihren Fähigkeiten zweifelte. Ganz zwanglos waren sie mittlerweile beim „Du“ angelangt. Als er sich verabschiedete, war klar, dass sie ihn wiedersehen wollte und rückte ohne Zögern ihre Telefonnummer heraus.

Zu Hause erzählte ihre Mutter, dass sie am Supermarkt Hector draußen vor dem Laden gelassen hätte und als sie zurückkam, wäre er lebhaft um die Beine eines Fremden gewuselt und hätte sich von ihm kraulen lassen. Normalerweise war das nicht seine Art. Fremden wich er sonst lieber aus, wohl ein Relikt aus seiner Streunerzeit. „Was für ein liebenswertes Tier", hätte der Mann gesagt, als sie Hector's Leine nahm. Zum Abschied hätte der ihm sogar die  Hand geleckt. Merkwürdig! ‚Es gibt auch noch nette junge Leute,' hätte sie gedacht.

Am Samstag beim Frühstück überlegte Nadja, was sie mit Nele unternehmen könnte, da vibrierte das Handy. Roland war dran und erkundigte sich, ob sie etwas vorhätte. Das Wetter wäre zu schön, um zu Hause zu sitzen. Was sie von einem kleinen Ausflug in die Eifel hielte, meinte er? Wieder war sie überrascht von seiner direkten Art. Zwar meldete sich sofort ihr Gewissen, sie müsste noch putzen, eine Wäsche ansetzten und Neles Zimmer sah auch puppenlustig aus. Aber diesmal entschied sie, dass morgen auch noch ein Tag wäre und sagte zu. Eine Stunde später saßen sie zu dritt in ihrem Auto. Das seine stünde gerade in der Werkstatt, hatte er gesagte. Außerdem brauchten sie Neles Kindersitz.

Es wurde ein angenehmer Tag. Selbst Hector benahm sich ruhig. Kaum dass sie von Röttgen aus in Richtung Belgien abgebogen waren und einen Parkplatz erspäht hatten um zu einer Wanderung ins hohe Venn aufzubrechen, gab es für den vierbeinigen Freund kein Halten mehr. Drei Stunden später erst kamen sie zurück, etwas müde, aber sehr zufrieden. Auf dem Heimweg fanden sie am Straßenrand einen Gasthof mit Außengastronomie, wo man um diese Jahreszeit bereits in der Sonne sitzen konnte. Er bestellte Currywurst, sie lieber ein Stück Kuchen. Sie erzählte vom Kindergarten, von ihrem täglich Kampf mit den lieben Kleinen und auch den Großen, die oft die Erziehungsdefizite im Elternhaus den Erzieherinnen anlasten wollten. Sie sprach von den eigenen Eltern, dass ihr Vater Lehrer gewesen war, ein guter und engagierter, um den seine Schüler aufrichtig trauerten, als er frühzeitig starb, und dass sie wohl selbst das Lehrer-Gen im Blut hätte, (Hendrik hatte es jedenfalls immer behauptet) Ihr Großvater war Rektor an einer Volksschule auf dem Land gewesen. Damals galt das noch etwas. Ihr fielen gleich wieder einige hübsche Anekdoten von damals ein, zum Beispiel, dass er einmal für die ABC-Schützen am ersten Schultag seine Geige mitgebracht und ihnen etwas vorgespielt hatte. Als er dann am nächsten Tag mit dem regulären Unterricht beginnen wollte, hörte sich ein kleiner Bauernlümmel das eine Weile an, bis er plötzlich mit der Faust auf das Pult schlug und rief: „S‘ Lad, Lehrer, jetzt geig‘ ‚emal!“ Das Leid sollst du kriegen, hieß das auf Platt. Roland hörte amüsierte zu, aber von sich selbst erzählte er wenig. Sein Leben sei zu unspektakulär. Bei seinen Projekten ging es immer nur um eines: Geld, Geld, Geld, das er auftreiben, die anderen aber nicht locker machen wollten. So wie jetzt bei dem lukrativen Vorhaben, das er gerade managte. Mehr sagte nicht. Später besuchten sie mit Nele den Streichelzoo hinter dem Restaurant. Nadja musste Hector öfters zur Ordnung rufen, weil er am liebsten den Schafen ein bisschen an die Wolle gegangen wäre. Roland schob inzwischen wie selbstverständlich den Sportwagen und Nele quietsche vor Begeisterung bei den Meerschweinchen und Kaninchen. Nadja war rundum zufrieden mit dem Ausflug. Auch dass Roland sie später bei der Hand nahm, ließ sie ohne Gegenwehr geschehen. Nach der Rückkehr am Spätnachmittag hatte er es allerdings dann plötzlich sehr eilig, „Dringende Geschäfte!“ sagte er. Etwas enttäuscht blieb Nadja zurück.

In den nächsten Tagen hörte sie nichts von ihm. Sie fand es seltsam und war missgelaunt. Auch Nele spürte das und gab sich unleidlich. Selbst Hector gehorchte nicht als sie zum Supermarkt fuhren. Beim Öffnen der Autotür fegte er, ehe sie ihn anleinen konnte, über den Parkplatz und kam auf kein Rufen mehr zurück. Dafür schwänzelte er um die Beine eines Autofahrers, der eben seinen Einkauf im Kofferraum verstaute. Er drehte sich zur Seite um ihn zu streicheln, dabei sah sie sein Profil: Es war Hendrik. Das gab ihr einen Stich. Rasch wandte sie sich um und versteckte sich hinter einem Kleinbus, hörte kurz darauf eine Autotür klappen und einen Wagen losfahren. Dann kam Hector angetrollt. Nadja war wütend und wusste eigentlich nicht warum. Hector bekam es ab und wurde zur Strafe für seinen Ungehorsam ins Auto gesperrte. Die Fast-Begegnung mit Hendrik hatte sie aus dem Gleichgewicht gebracht. Das ärgerte sie, Auch Hectors Hundeblick zog nicht. Jetzt fühlte sie sich noch verstimmter als den ganzen Tag schon.

Nachmittags erreichte sie eine Whats App von Roland, der sich entschuldigte, so schweigsam gewesen zu sein. Er stecke tief in Verhandlung, denn das so wichtige Projekt drohe zu scheitern. Er säße ständig bei Bänkern herum, die wegen einer Formalie, einer bloßen Kleinigkeit, sich zickig anstellten. Nächsten mehr. Nadja wusste nicht, was sie davon halten sollte und besser fühlte sich danach auch besser.

Die Handynachricht am nächsten Tag, mitten während der Arbeitszeit, irritierte sie noch mehr. Roland sprach davon, dass sie ihm fehle und er ständig an sie und Nele denke, (obwohl er für ihren Geschmack nicht zu erkennen gegeben hatte, dass ihm das Kind besonders am Herzen läge.) Wenn die Verhandlungen erfolgreich wären, schrieb er, dann könnte er ihr so viel bieten, dann wollte er das Leben mit ihr genießen und als letzter Satz folgte dann mit drei Frage- und drei Ausrufezeichen: „Willst du mich heiraten.“ Nadja war sprachlos. Sie kannte ihn doch kaum. Und nun so eine Frage? Auf diesem Wege? Nichts Persönliches, kein romantisches Dinner, keine Blumen, kein Geschenk, nur eine elektronische Anfrage? So etwas könnte ein Algorithmus bereits generieren, dachte sie gereizt, obwohl sie sich doch eigentlich hätte geschmeichelt fühlen sollen.

Wieder bekam es Hector zu spüren. Als er am Abend anschwänzelte in Erwartung eines Abendspazierganges, beschied sie ihn mit einem ärgerliches „Aus!“ in sein Körbchen und er verzog sich. Sonst heiterte Nele sie immer wieder auf, ihr Sonnenschein, aber heute wurde sie nicht mehr richtig froh. Die Whats App vom Mittag kreiselte in ihrem Kopf und ziemlich früh verkroch sie sich ins Bett.

Samstag vormittags wollten sie gemeinsam zum Wochenmarkt. Helga freute sich immer darauf. Nadja hatte den Gedanken an die gestrige Whats App energisch beiseite geschoben. Wenn schon eine Heirat - und gelegentlich vermisste sie schon sehr einen liebevollen Partner – dann müsste sich das richtig anfühlen, von Anfang an. Eine Smartphon-Nachricht war dafür definitiv n i c h t der richtige Beginn!

Zur besten Marktzeit erreichten sie den Platz. In den Gängen an den Ständen drängten sich die Leute, und sie mussten länger anstehen. Helga hatte eine Bekannte getroffen und sich mit Kind und Hund in der Nähe des Geflügelwagen festgequatscht, während Nadja zum Biobauern ging. Eine grüne Soße jetzt zum Frühjahr, das wäre schön, überlegte sie und hielt nach den Kräutern Ausschau. Plötzlich ließ sie eine Stimme nebenan aufhorchen. Kein drei Meter von ihr entfernt vor den Kohlköpfen stand Hendrik und packte Möhren und Kohlrabi ein. Diesmal blieb ihr keine Zeit wegzulaufen, denn er drehte sich gerade in ihre Richtung um. „Du!?“ sagte er, „Hallo!“ und schien angenehm überrascht. „Wie geht's denn so?“ „Hallo!“ entgegnete sie nach einer winzigen Pause. Sie erinnerte sich noch an ihr letztes Auseinandergehen. Wieviel Jahre war das her? Er wirkte so anders. „Kaufst du immer hier ein?“ fragte er. Das wunderte sie, denn Einkaufen und noch dazu ‚bio‘ war früher nie sein Ding gewesen. „Wir kommen regelmäßig her,“

Die Marktfrau erkundigte sich nach Nadja`s Wünschen. „Grüne Soße, bitte.“ sagte sie. „Hab‘ ich uns letztens auch gemacht,“ meinte Hendrik. „Etwas Frisches jetzt, das schmeckt!“ Er hatte seinen

Einkauf im Rucksack verstaut, machte aber keinerlei Anstalten zu gehen. „Finde ich auch." sagte Nadja. Im Moment fiel ihr nichts Besseres ein. Sie bezahlte und drehte sich um in Richtung Geflügelwagen. Hendrik trottete wie selbstverständlich neben ihr her. Sie hinderte ihn nicht. Am Geflügelstand entdeckte ihn zuerst Hector und zerrte an der Leine. Auch Helga schaute auf. „Ach, sie!" sagte sie und nickte ihm freundlich zu. Und zu Nadja gewandt „Kennt ihr euch?" „Hendrik – meine Mutter", stellte Nadja geschäftsmäßig vor, begleitet von einer kurzen Geste hin und her. „Hendrik—Hendrik? Mit dem du mich nie bekannt gemacht hast?" Nadja wackelte mit dem Kopf. Helga gab ihm erfreut die Hand. Nele rührte sich jetzt im Sportwagen, Hendrik betrachtete sie interessiert. „Das ist Nele!" ergänzte Nadja. „Du bist verheiratet?" Sie spürte, wie er innerlich einen Schritt zurückwich. „Nein" antwortete sie knapp. Hector ließ sich schon wieder ausgiebig von ihm streicheln. „Deine Tochter?!" er lächelte Nele zu, der es gerade im Wagen zu langweilig wurde. „Wir gehen ja gleich!" beruhigte sie Nadja. Und zu ihm: „Ja, meine Tochter!". Hendrik beugte sich tief zu ihr hinunter. „Hallo kleine Maus!" Nele schenkte ihm ein Lächeln. Nadja fiel plötzlich auf, dass sie genau das gleiche Lächeln hatte wie er! Die Situation verwirrte sie und sie wandte sich abrupt zum Gehen. „Ich muss jetzt … !" „Ich auch" meinte Hendrik „Noah wartet! Also bis dann mal!" Im Weggehen klang ihr der Name ‚Noah' noch im Ohr. Wer war das?

Roland meldete sich erst am Montag wieder und entschuldigte sich. Er wäre verreist gewesen, wollte sie aber dringend sehen. Ob sie denn keine Mittagspause hätte? Nadja fühlte sich bedrängt. ‚Erst nichts von sich hören lassen und es dann nicht abwarten können?' Trotzdem willigte sie ein. Eine Kollegin könnte sie sicher kurz vertreten, während die Kinder ruhten,

Er stand bereits vor dem Kindergarten, als sie herauskam. Das war ihr gar nicht recht, denn Kolleginnen haben ja bekanntlich die Augen überall. Woher wusste er überhaupt, wo sie arbeitete?

Die Begrüßung fiel so vertraut aus, als wären sie schon Jahre bekannt. Er nahm ihre Hand in die seinen und küsste sie. Nadja wusste nicht, was sie davon halten sollte. Er erzählte von seiner Reise mit dem Zug, - sein Auto stünde immer noch in der Werkstatt, - von einem vermögenden Cousin, der ihm eigentlich unter die Arme greifen wollte. Aber die Fahrt wäre vergeblich gewesen, der Cousin läge im Krankenhaus. „Das Herz,“ setzte er hinzu, „unmöglich in so einer Situation mit ihm über Geschäfte zu reden.“ Er holte tief Luft und meinte, wie zu sich selbst; ‚Das Ganz dürfe sowieso nicht wahr sein, dass an einer solchen Lappalie das ganze Projekt scheitern könnte.‘ Er machte einen ziemlich verzweifelten Eindruck. Nadja fühlte sich genötigt nachzufragen um welches Projekt es denn ginge. Er ließ sich eine Weile bitten, ehe er damit herausrückte: Ein Bauvorhaben, eine kleine Ferienanlage an einem neuen Stausee, rund fünfeinhalb Millionen teuer. Aber mit dem Verkauf, der längst angelaufen sei, kämen zum Schluss zirka sechseinhalb Millionen in die Kasse. Und nun das Desaster. „Welches?“ Nadja wollte es jetzt genau wissen. Ein Wassereinbruch in einer Baugrube, der hätte die Arbeiten stark verzögert, erzählte er, und um zig-Tausende verteuert. Aber die Banken würden nur nach Baufortschritt zahlen. Und um weiterzumachen fehlten läppische dreißigtausend, die der Cousin zuschießen wollte. „Ein Nichts angesichts der Rendite, die dabei herausspringt. Aber die Bänker sind derart kurzsichtig, eben typische Angestellte. Da gelten unvorhersehbare Schwierigkeiten nichts.“ Er schüttelte den Kopf und schwieg, während sie die Allee zum Rathaus hinunter liefen. „Kannst du keine andere Bank fragen?“ „Alles schon versucht. Denn es gab schon einmal ein Problem.“

Ein Tierschutzverein, der plötzlich Probleme gemacht hätte wegen irgendwelcher Kröten, die zu irgendwelchen Sumpfgebiet wanderten. „Wir mussten den Bau stoppen, uns vor Gerichten herumschlagen und später Zäune sowie einen Tunnel unter einer Straße bauen. Das dauerte zwei Monate und verteuerte alles erheblich. Damals haben die Baufirmen auf die Bezahlungen gewartet. Jetzt will eine das nicht mehr und fordert den nächsten Abschlag, sonst will sie die Arbeit einstellen. Und wenn das erst eine tut, folgen die anderen nach." Sie setzten sich auf eine Bank. „Dabei könnte es so schön werden. Mit dir! Ich habe alles schon geplant." Er zog ein Foto aus der Innentasche. Darauf war ein schmuckes Haus an einer Uferpromenade zu sehen. „Alicante," sagte er, „eine Gelegenheit. Ein Geschäftspartner hat keine Lust mehr auf Spanien. Mir würde er es für einen Freundschaftspreis überlassen. Stell dir vor, wie Nele am Strand buddeln und was Hector für einen Spaß haben könnte. Ganz zu schweigen von uns!" Nadja musste zugeben, dass sie eine solche Aussicht schon reizte. „Ist denn gar nichts zu machen? Andere Angehörige zum Beispiel?" „Meine Schwester hat nach der Trennung von ihrem Mann gar nichts und meine reiche Verwandtschaft will mit uns nichts zu tun haben, ein alter Familienzwist. Bis auf den einen Cousin, der jetzt ausfällt." Nadja schaute versonnen auf das Bild in seiner Hand und seufzte. Die Vorstellung, endlich nicht mehr auf jeden Euro schauen zu müssen, Urlaub in der Sonne verbringen zu können und nicht alleine zu sein, blühten in ihrer Fantasie auf. „Und ein privater Kredit?" „Das," meinte er „ist längst ausgereizt, „nach der ersten Verzögerung wegen der Kröten. Die Kreditinstitute hatten sich damals schon schwer getan. Aber heute … ! Wenn jemand einen festen Arbeitsvertrag hat, dann vielleicht, aber ich als Selbständiger?"

Nadja musste zurück, die Pause war längst um. Zum Abschluss lud er sie zum Abendessen ein, irgendwo in einer netten Kneipe, dann könnten sie weiterreden. Sie sagte zu.

Zur verabredeten Zeit klingelte es. Nadja legte Hector das Halsband um, weil ihre Mutter mit ihm noch nicht draußen gewesen war. Vor der Tür begrüßte Roland sie und nahm wie mittags ihre Hand. Hector kläffte und zeigte die Zähne. „Na," sagte Roland, „nun gewöhn' dich doch mal langsam an mich!" Es sollte freundlich klingen, aber seiner Stimme merkte man an, dass er den Ärger nicht ganz im Griff hatte. Sie liefen ein Stück durch die Anlagen, doch Hector wollte und wollte sich nicht beruhigen. Eifersüchtig schien er darauf zu achten, dass Roland Nadja nicht zu nahe kam. Genervt brachte sie ihn nach Hause zurück.

Der Abend verlief dann endlich ohne weitere Störungen. Sie kehrten im Cafè „Ehemals“ ein, einem türkischen Restaurant, das sie kannte, und ließen sich den Vorspeisenteller kommen. Roland erzählte von früheren Vorhaben, die aber alle nichts gewesen wären gegenüber dem laufenden und irgendwann wartete er mit einer Überraschung auf: Er schob ihr unvermittelt ein kleines Kästchen über den Tisch und beobachtete gespannt, wie sie es öffnete. Ein Ring mit einem recht großen, roten Stein kam zum Vorschein. „Ein Rubin“ stellte sie fest und ehe sie weiter darauf reagieren konnte, folgte ein neuer Heiratsantrag! Diesmal wolle er es richtig machen, nicht nur elektronisch. Er würde sich auch vor sie hinknien, hier mitten im Lokal, wenn sie das schön fände, oder ob sie ihm auch so glauben würde, dass er nichts sehnlicher wünschte, als dass sie seine Frau würde? Nadja war gerührt. Wie schon letztens fasst er nach ihren Händen und zog sie zu sich herüber. Zu überrumpelt um es abzuwehren musste sie noch dazu aufpassen, dass die Ärmel ihrer Bluse nicht im Zaziki auf dem Teller landeten. Dann steckte er ihr den Ring an den Finger und redete andauernd weiter um ihr keine Chance für eine Ablehnung zu geben. „Es wird wunderbar werden mit uns, glaube mir! Und wenn ich dieses Projekt hinter mir habe, können wir das Leben in vollen Zügen genießen. Ich freue mich so sehr darauf!“ usw usw.

In dieser Nacht konnte Nadja lange nicht schlafen, Er hatte sie noch nach Hause gebracht und wie zu Pennälerzeiten vor der Haustür geküsst, aber sie hatte ihn nicht ins Haus gelassen - wegen Nele und Hector und ihrer Mutter und überhaupt. Sie wollte erst ihre Gefühle sortieren, das Erlebte sacken lassen. Irgendwann spät entschwand sie doch ins Traumland.

Im Aufwachen am Morgen kam ihr der Einfall. Ob sie selbst vielleicht einen Kredit aufnehmen könnte um sein Projekt zu retten? Seine Worte klangen ihr noch im Ohr, die Vision von einem leichteren, sorgloseren Leben. Roland war galant und sympathisch, auch wenn sie sich die große Liebe etwas anders vorgestellt hätte. Und dass Nele dann einen Vater hätte und sie selbst eine Zukunftsaussicht, von der sie bislang nie zu träumen gewagt hatte. Es war verlockende eine Option. Wieviele Ehen - und das sind nicht die schlechtesten - beruhten lediglich auf Vernunftgründen. Beschwingt von ihrer Idee brachte sie Nele einen Stock höher zu ihrer Mutter und fuhr zur Arbeit.

Endlich wieder Mittwoch, Markttag, den sich Helga keinesfalls entgehen lassen wollte, vor allen Dingen wegen der Schwätzchen mit Bekannten. Eigentlich benötigte sie nichts, trotzdem packte sie ihre Enkelin in den Sportwagen, nahm Hektor an die Leine und zog los. Es wehte ein böiger Wind und die Wolken hatten es eilig am Himmel. ‚Es wird doch nicht..?.' dachte sie mit Blick nach oben. Aber sie war schon zu weit vom Haus entfernt um noch einen Schirm holen zu wollen.

Am Geflügelstand gab's frische Hähnchenleber. ‚Mit Zwiebel angebraten, Kartoffelpürré dazu und Zucchini,' überlegte sie, ‚das wäre es' und ließ sich die Leber einpacken. Sie bog ab zum Gemüsestand und hätte um ein Haar einen anderen Kinderwagen mit Neles Sportwagen gerammt. Mechanisch entschuldigte sie sich. „Ach sie sind es!" hörte sie jemanden sagen und schaute auf. Es war Hendrik. Hektor kam sofort zum Kraulen an und Helga freute sich ebenfalls. „So trifft man sich wieder!" Hendrik begrüßte auch Nele freundlich und Helga fragt mit Blick auf den Kleinen in seinem Kinderwagen unverblümt „Ist das ihrer?" „Ja, ja, das ist Noah", sagte Hendrik, „mein Sohnemann!" Der beäugte schon Nele aufmerksam. Von da an waren - wie immer - die Kinder das beherrschende Gesprächsthema! Hendrik erzählte, dass er Noah alleine aufzog, aber durch seinen Job bei der Zeitung genügend

Zeit für ihn fände. Ansonsten hoffte er auf einen Platz in der Kita. Helga betrachtete erfreut das muntere Blondschöpfchen. Am Gemüsestand fielen die ersten Tropfen vom Himmel und sie erschrak, hatte ja kein Regenzeug dabei. Hendrik bot an sie nach Hause zu bringen, er parke gleich nebenan. Bei ihrer Ankunft in der Seitenstraße tröpfelte es schon stärker und sie verstauten rasch Kinder und Sportwagen in seinem Kombi. Da brach auch schon das Unwetter los. Es wollte gar nicht mehr aufhören zu schütten. Zu Hause huschten Helga und Nele rasch unter das Vordach am Eingang, Hendrik reichte den Kinderwagen heraus und fuhr sofort weiter. Erst oben in der Wohnung bemerkte sie, dass sie den Einkauf im Auto vergessen hatte.

Nadja kam mittags heim und Helga erzählte sofort von ihrem Markterlebnis und der liegengeblieben Leber. Nadja fühlte sich unbehaglich. Warum nur? Weil ihre Mutter mit dem Kind in ein fremdes Auto gestiegen war? Absurd. Sie tat den Gedanken ab.

Kurz darauf klingelt es. Roland hatte versprochen sie abzuholen. Beim Öffnen der Wohnungstür stand Hendrik vor ihr mit etwas Eingewickeltem und einer Zucchini in der Hand. Sie fühlte sich irgendwie ertappt, weil sie Roland erwartet hatte. Auch Hendrik hatte nicht mit ihr gerechnet. „Das ist im Auto liegengeblieben," meinte er nur und hielt ihr die Sachen hin. Nadja nahm sie stumm. Ein Kloß drückte im Hals, ihr fiel nichts ein. Hendrik nickte ihr kurz zu und wandte sich zum Gehen. Drinnen kratzte Hektor an der Wohnzimmertür. „Wer ist da?" rief Helga aus der Küche. „Ich will nicht stören", meinte Hendrik und war schon auf dem Treppenabsatz. „Danke." rief sie ihm nach. Helga steckte fragend den Kopf aus der Tür und ihre Tochter reicht ihr das Päckchen und die Zucchini. „Das hattest du im Auto vergessen." „Ach so. Warum hast du ihn nicht hereingebeten?" Sie nahm alles und verschwand wieder in ihrem Reich.

Die kleine Begegnung mit Hendrik hatte Nadja schon wieder die Stimmung verhagelt. Langsam nervten sie diese Gefühlsschwankungen.

Eigentlich hatte sie Roland mit ihrem Kreditangebot überraschen wollen. Man freut sich doch selbst, wenn man jemandem eine Freude machen kann. Nun aber war nichts mehr davon übrig.

Als Roland später telefonierte, sie rückte doch mit ihrem Angebot heraus. Er schien überrascht. ‚Das könne er nicht annehmen, sie kenne ihn doch viel zu wenig.' Ergänzte aber dann: ‚Natürlich würde es ihm sehr helfen.' Er schluckte kurz und verbesserte sich: ‚U n s helfen und unserer Zukunft mit unseren Plänen.' Nadja wollte es nur zu gerne glauben, doch irgendwie hakte es heute bei ihr mit dem Freuen. Zum Schluss vereinbarten sie, am Mittwochnachmittag zur Sparkasse am Markt zu gehen. Nadja wollte bis dahin das Nötige in die Wege geleitet haben. Am darauf folgenden Wochenende ließ Roland wieder nichts von sich hören.

Der Mittwoch kam und die ganze Familie brach nach dem Mittagessen zum Markt auf. Dort herrschte wieder reger Betrieb und sie schlenderten ziellos zwischen den Ständen herum. Mittlerweile wurden hier nicht nur Lebensmittel, sondern auch Kleidung, Schuhe, Küchengeräte und elektronisches Allerlei verkauft, der Markt hatte sich längst zu einem Eventplatz gemausert. Es gab eine Champagner-Bar, einen Food-Trucks, Snacks vom Türken, ein dreirädriges Kaffeemobil mit Sitzmöglichkeiten und eine Mini-Eventbühne, auf der gelegentlich Möchte-gern-Madonnas und Roland Kaisers sich tummelten. Der andere Roland wollte erst später dazu stoßen wegen des Ganges zur Sparkasse. ‚Das Geld müsse er noch heute an verschieden Leute bar auszahlen, eine Überweisung käme zu spät,' hatte er am Telefon erklärt.

Er ließ dann etwas auf sich warten. ‚Die Familie,' meinte er nur entschuldigend. Hektor knurrte wie immer zur Begrüßung. Nadja machte ihn mit ihrer Mutter bekannt, die ihm kühl die Hand reichte und ihn unverhohlen musterte. So sehr ihr Hendrik gefallen hatte, so deutlich regte sich jetzt Unbehagen bei ihr. Verstohlen schaute sie sich um, aber es taucht kein Kinderwagen mit einem Blondschöpfchen auf. Roland lud sie zu einem Cappuccino an dem roten Kaffee-Dreirad ein. Sie ließen sich unter einem der Marktschirme nieder, denn die Sonne hatte bereits viel Kraft. Nele bekam einen Keks und verspürte ausnahmsweise keine Lust aus dem Wagen zu klettern. Hektor verkroch sich unter Nadjas Hocker. Der Kaffee schmeckte ausgezeichnet, die Aussicht auf die vielen Leute auf dem Markt bot zwar viel Abwechslung, doch Nadja wirkt einsilbig und auch mit Helga wollte kein richtiges Gespräch in Gang kommen.

Nach einer Weile meinte Roland: „Wie wollten ja noch zur Sparkasse“ und stand mit einem Ruck auf um den Kaffee zu bezahlen. Hektor musste seine Geste wohl missverstanden haben, denn er sprang ebenfalls auf und blaffte Roland an, der fast über die plötzlich gespannte Hundeleine gestolpert wäre, Dabei fiel ihm sein Portemonnaie aus der Hand. Hektor schnappte es, lief damit knurrend um den Kinderwagen und schüttelte es, als ob er eine Jagdbeute erledigen wollte. Im hohen Bogen flogen Münzen und Kassenbons und Kreditkarten durch die Luft. „Aus!!“ fauchte Nadja. „Platz! Platz!“ und machte sich sofort daran, das Geld und die Belege einzusammeln. „Lass das!“ befahl Roland hastig und wollte sie davon abhalten, aber er wagte sich nicht in Hektors Nähe. Der war noch immer mit seiner Beute beschäftigt. Nadja hielt die ersten Karten und Bons in der Hand und stockte plötzlich mitten in der Bewegung. Den Blick auf die Führerscheinkarte geheftet, noch in gebückter Haltung las sie halblaut: „Richard Hartung?“ Sie schaute auf einen Restaurant-Beleg in der anderen Hand „Eberhard von Hornberg??“ Sie richtete sich auf, wechselte die Fundstücke in den Händen, las jetzt das nächste, eine Scheckkarte, ein Personalausweis mit Passfoto „Winfried Schulz?!“ Nadja starrte Roland fassungslos an. „Was bedeutet denn das? - Wer bist du??“ fragte sie entgeistert. „Verdammtes Mistvieh!“ zischte der Angesprochene und trat nach Hektor, der aber geschickt auswich und von der zerfledderten Geldbörse abließ, um nach Roland zu schnappen. Der konnte nun nicht mehr an sich halten. „Verfluchte

Scheiße! Lass die Dreckstöle doch einschläfern!" Er riss Nadja die Karten und Belege aus Hand, klaubte die Reste des Portemonnaies vom Boden auf und machte sich ohne ein weiteres Wort eilig zwischen den Passanten davon.

Helga hatte die ganze Szene sprachlos verfolgt und stammelte nur: „Ich verstehe nicht...?" Nadja sackte auf ihrem Hocker zusammen. Der Schock saß ihr gehörig in den Gliedern. Hektor kam angekrochen und leckte vorsichtig ihre Hand. Sie rang noch immer nach Fassung. „Frag nicht!" sagte sie, ohne ihre Mutter anzuschauen. „Ich glaube, Hektor hat mich gerade vor einer Riesendummheit bewahrt!"

Hinter dem Kaffeemobil bog wie aufs Stichwort ein Kinderwagen um die Ecke, diesmal ohne Einkauftaschen. Ein kleiner, blonder Junge tippelte an der Hand seines Vaters daneben. Hektor bemerkte sie zuerst und stürmte auf die beiden zu. Sein ganzer Körper ringelte sich freudig hin und her, Noah griff ohne Scheu nach ihm wie nach einem altvertrauten Spielzeug.

# Maßstäbe

*3.7.2022*

Was wäre Liebe ohne Beständigkeit?
- ein wasserloser Fluss.
Was der Besitz ohne Bescheidenheit?
- nur teurer Überdruss.

Wo endet Bemühung ohne lohnendes Ziel?
- Am Ufer vergeudeter Zeit.
Was ist ein Leben, wenn es nicht weiß, was es will?
- Diebstahl an der Ewigkeit.

Wir wurden erschaffen aus dem gestaltlosem Ton,
die eigene Form zu vollenden,
zu Wege auf Vervollkommenungs-Mission,
im Wissen einmal zu enden.

Welch‘ Schicksal werden die Weberschiffchen weben?
- Fraktale nur, rasch vergessen?
Lasst uns maßlos deshalb Liebe geben!
Daran wird Vollendung gemessen!

# Chateau Lafite Rothschild

Der Anteil von Wirklichkeit an allem, was uns täglich elektronisch auf die Füße fällt, ist vergleichsweise gering gegenüber dem Anteil vom allgemeinen Unsinn, der aus dem Internet schwappt!“ Ulrich machte eine bedeutungsschwangere Pause. Ich nickte zur Vorsicht, weil mir nichts Besseres einfiel. Danach tropfte die Stille ebenfalls bedeutungsschwanger ins Goldfischglas auf dem Sideboard, ohne dass der orangen Bewohner darin irgendwie Schaden genommen hätte.

Ulrich, mein Schwager, war Angler und Amateurphilosoph und sonderte in regelmäßigen Abständen solche Sprüche ab. Er verharrte dann in Anglerstarre (ich nehme an, um die Fische nicht zu verscheuchen) bzw. in Erwartung einer Erwiderung, Bestätigung oder sonst wie gearteten Äußerung, an die sich eine Diskussion anknüpfen ließe. Denn das war seine Leidenschaft. Mit Vorliebe frönte er dieser bei mir, weil meine Schwester viel zu sehr auf handfeste und greifbare Dinge fixiert war,

Ich war nur mal eben nach nebenan geflüchtet, um dem Handwerkertrubel bei mir zu Hause zu entkommen und hatte auf etwas Ruhe gehofft. Doch hier kam ich jetzt in Ulrichs geistige Turbulenzen, die – einmal ausgebrochen - schwer zu stoppen waren.

Philosophie muss etwas mit Wasser zu tun haben, überlegte ich. Es fließt nach den Gesetzen der Schwerkraft immer in eine bestimmte Richtung, nämlich abwärts und lässt sich auf Dauer durch nichts davon abhalten. Zuweilen verharrt es auch eine Zeit lang an einem Fleck und kann dann sehr tief werden wie zum Beispiel der Bodensee, so dass ein Ungeübter locker darin untergehen kann. Ein faszinierende Element, obwohl ich im Moment wenig Neigung verspürte dort einzutauchen.

Ulrich verbrachte lange Abende und Wochenende mit der Angel an den Gestaden verschiedenster Gewässer. Das musste irgendwie abfärben. Allerdings war mir heute eher nach einem Glas Rotwein zumute, den Ulrich erstaunlicherweise immer griffbereit hatte. Weiß der Teufel, aus welchen Geheimverstecken und Fächern er ihn hervorzauberte,

Ullrich saß also in Anglerstarre da und wartete. Die Stille auch. Merkwürdig, wie so etwas sich aufblähen und wachsen kann. Ein Ballon mit nichts als Luft darin, der nach und nach einen immer größeren Raum einnimmt, alle Gegenstände flutet, auch das Goldfischglas und sich endlich langsam zur Kehle durchkämpft, um sie unbarmherzig zu umschließen.

Ich räusperte mich und der Griff lockerte sich etwas. Ulrich schaute interessiert. Doch damit würgte er sofort das zarte Pflänzchen Erwiderung ab, des eben bei mir in den Hirnwindungen keimen wollte.

Draußen vor dem Wohnzimmerfenster wogte derweil die Wirklichkeit im Fliederbaum, eine zwar abgeblühte Wirklichkeit, aber immerhin. So stellte ich mir das Internet vor. Überall vertrocknete Rispen an den Enden der Zweige, die dort hässlich und braun hingen und kein Vogel, der sie mit Verlangen beehrte, nutzlos, und farblos, aber da! Darunter sah ich die emsigen Tweet-Verfasser an ihren Tastaturen sitzen und den Flieder mit den Abwässern ihrer trüben Gedankenflüsse begießen, ja geradezu überschütten. Doch dieses Aas von einem Baum wollte absolut keine Frühlingsblüten zeigen. Zumindest nicht bei mir. Nur die Tastaturen klapperten weiter.

Warum zum Teufel nochmal mochte Bill Gates auch keine Satansmaske tragen, fragte ich mich, wo er doch die ganze Welt unterjochen wollte? Und dieses völlig harmlose Covid-neunzehn-Virus machte unverschämterweise auf den Intensivstationen immer noch den Leuten den Garaus und grinste so arglos dabei! Andere Schmutzwassergärtner waren der Meinung, das Virus wäre ein Eigengewächs der Weltverschwörung zur Dezimierung dieses Erdengeschmeißes. Sicher, wenn man die treibenden Plastikmüll-Teppiche in den Ozeanen betrachtet, könnte man schon Mitleid mit der Erde haben und auf solche Gedanken kommen. Der Mainstream der Internet-Kloakentieftaucher war allerdings der Überzeugung: die Mikrobe sei eine Erfindung der Pharmaindustrie, sie gäbe es gar nicht! (Doch Widersprüche solcher Art gingen bei der Verschwörergemeinde klaglos im Tastaturgeklapper unter.) No use to complain.

Vielleicht löste sich das Ozeanproblem sowieso ganz von alleine, wenn der Meeresspiegel nämlich weiter stieg und er über den Rand der Erde schwappte, denn Meere und Fliederbäume befinden sich ja bekanntermaßen auf einer Scheibe. Und die Sonne ist eine Gondel an einem himmlischen Riesenrad, das seine Nabe ziemlich genau in der Nähe von Bielefeld hat. (Oder war das Buenos Aires?)

Kolumbus kam mir in den Sinn und der Seeweg nach Indien, nur eben anders herum. ‚Der war lediglich im Kreis gefahren', wussten die vertrockneten Fliederrispen zu rascheln, denn sonst wäre er an den Rändern herunter gefallen. Und die Erderwärmung kam logischerweise von der Sonne, die nachts unter der Scheibe ein Feuerchen anmachte! So weit, so klar.

Ulrich bemerkte meinen stieren Gartenblick und deutete ihn als Aufforderung, den Rotweinzauber zu bewerkstelligen. Endlich! Ein Carbernet Sauvignon: ‚Chateau Lafite Rothschild' kam unter dem Couchtisch zum Vorschein. Von Rotwein verstand er etwas. Das erste Glas trank ich viel zu schnell, weil mir die Zunge vom Schweigen ganz trocken geworden war. Ulrich registrierte es mit Missvergnügen. So ein Tröpfchen müsste man genießen, meinte er. Mir war das ziemlich egal, wenn es nur schmeckte und ich nahm ein zweites Glas.

Wir schwiegen eine Weile die Aussicht auf den Garten an, dann gab Ulrich wieder ein Statement ab: „Mann sollt das Internet einfach abbestellen, ignorieren, sich gar nicht damit befassen."

Aber wäre es dann nicht mehr da? Das Fatale an Gedanken ist

ja, dass sie, einmal ins All gepustet, dort weiter wabern, egal ob sie richtig oder falsch, oder schädlich oder von Nutzen sind, oder nur blanker Unsinn. Und je leerer die Köpfe, um so mehr davon passt ja bekanntlich hinein. Mein Blick fiel wieder auf den verblühten Flieder.

Wie, wenn man die hässlichen Blütenstände abschneiden und auf den Kompost werfen würde? - Aber nicht ohne vorher die Samen zerquetscht zu haben, denn sonst würden sie gleich wieder austreiben! - (Beim Sinnieren holt mich immer wieder diese verdammt Logik ein!) Darüber hinaus, wie kompostiert man die Urheber dieses Wildwuchses, die Trübseefischer und Abwasserschlürfer, die im Äther schwimmen? Eine gigantische Aufgabe!

Übrigens, ein Virus samt Pandemie gab es wirklich schon einmal und sie dauert seit Urzeiten noch bis heute an! Die Pandemie Dummheit! Sie verknotet das Denken, oder befällt schon im Inkubationsstadium dessen erste zarte Knospen. Wie viele bemühte Köpfe haben sich an ihr umsonst abgearbeitet. Dagegen hilft kein Impfen und kein Antidot. Wenn sie denn im Erbgut wäre, also nachgewiesenermaßen unabänderlich, ließe sich eventuell darüber hinwegsehen. Dann sollten ihre Erben - Gott hab sie selig – meinetwegen damit glücklich werden! Aber was, wenn jemand damit andere bewusst infiziert? Dann wirft sie blubbernd Blasen auf den Bildschirmen, bemäntelt sich mit einer Unschuldspellerine und schleicht harmlosen Fußes hinterhältig in die Laptops, meistens zu gewinnbringenden Zwecken. Infantilisierung in der Fun-Gesellschaft wurde das genannt, das Dummhalten zum Zweck der Ausbeutung. Und das scheint nur eine ihrer vielen Intentionen zu sein. Bleibt die Frage, wovon sonst noch die Anstifter im Net angetrieben werden? Vom geheimen Gefühl der Macht, - geheim, weil die Urheber sich ja vorsichtshalber nicht zu erkennen geben, denn sonst könnten der Schwachsinn ihnen selbst auf die Füße fallen? - Oder von Böswilligkeit, um es „denen“ mal heimzuzahlen, die ihnen zu wenig Achtung oder Aufmerksamkeit oder sonstige Streicheleinheiten entgegen gebracht haben? Oder eventuell von Sendungsbewusstsein, - und das ist eine extrem gefährliche Art von Dummheit! Denn wer ahnt schon vorher, dass ein ganz besondere Ungeist seine Notdurft in diese Köpfe verrichtet hat? Die ollen Lateiner sagten; ‚Pecunia non olet.' Geld stinkt nicht, als sie für die Abwässer Geld nahmen. Dummheit stinkt auch nicht! Leider. (Sonst müsste alle Welt Gasmasken tragen!)

Ich musste seufzen und nahm einen weiteren Schluck. „Zum Wohl!" sagte Ulrich und gab sich für heute mit meiner Schweigsamkeit zufrieden. Es hörte sich an wie ein resignierter Abgesang auf all die Betrachtungen, die mir eben durch die Hirnwindungen gezogen waren. (ohne dass ich sie ihm offenbart hätte, denn dann wäre das sofort wieder zu einer Diskussionsrunde ausgeartet!) „Prost!" entgegnete ich und entschied mich stattdessen für heute Internet, Verschwörungsspezialisten und Coronaleugner im Chateau Lafite Rothschild zu ersäufen. Denn der war reell, wirklich da und außerdem hervorragend!

# Splitter

*15.8.2023*

Wovon? Woraus? Wozu?
Granaten? Holz? Um zu verletzten?
Diamantsplitter
zwecks mehr Erlös?
Oder von Gedanken?
Doch zu klein, zu flüchtig
für Zusammenhänge?
Sternschnuppen im August,
- aber jetzt ist Winter -
Glasscheiben, zersplitterte,
schade darum,
oder endlich der klare Blick?
Fragmentisierung der Spaßgesellschaft
oder Infntilisierung? - Kleine Spielzeug-Leben?
Mandelsplitter, meint der Konditor!
Oder von Weltanschauungen der Philosoph.
Pars pro toto, Teile vom Ganzen,
aber zu spitz, zu scharf, zu winzig
dass sie ein Mosaik ergäben.
Die Seele weint,
sie wird das Ganze nie erkennen.